spielen · denken · ler

DOMINOSPIELE

Bernward Thole, Tom Werneck

FLEURUS IDEE

Fleurus Idee is an imprint
of Fleurus Verlag GmbH

Lindenstr. 20, 50 674 Köln

Autoren: Bernward Thole, Tom Werneck
Layout und Satz: Tanja Messing, MWK, Köln
Umschlaggestaltung: MWK, Köln

ISBN 3-89717-412-X
Printed in Germany

10 9 8 7 6 5 4 3 2 1

Die merkwürdige Faszination, die von diesen kleinen, gepunkteten Steinen ausgeht, spürt fast jeder. Doch Hand aufs Herz: Wer kann mit Domino schon wirklich etwas Aufregendes anfangen? Man ist schnell geneigt, den kleinen Kasten wieder einzuräumen und das Ganze als ein einfaches, anspruchsloses Kinderspiel abzutun. Allzu voreilig, wie es sich hier bald zeigen wird. Domino ist nämlich etwas für den Kenner, für den ausgesprochenen Spiele-Gourmet. Nur er weiß, warum dieser Klassiker die Jahrhunderte überlebte und auch heute noch – allen Unkenrufen zum Trotz – immer wieder gern gespielt wird.

Das Geheimnis liegt ganz einfach in den so gut wie universalen Einsatzmöglichkeiten: Domino ist ein Familienspiel par excellence. Es ist aber auch ein anspruchsvolles Zweierspiel, ein Knobelspiel von hohen Graden und ein faszinierendes Geschicklichkeitsspiel. Kurzum: Domino bedeutet für Sie ein ganzes Spielemagazin mit beinahe unerschöpflichen Möglichkeiten.

Wer sich ein bisschen näher mit dem Dominospiel befasst, ist zunächst einmal überwältigt von der Fülle der verschiedenen Spiele, die man mit Dominosteinen spielen kann. Davon ahnt kaum jemand etwas, der sich nicht intensiv mit Domino beschäftigt. Es geht einem dann so wie einem Patience-Neuling: Man weiß einfach nicht, wo man anfangen soll. Aber hier wie dort merkt man sehr bald, dass viele Varianten auf nur wenige Grundmuster zurückgehen. Zuweilen liegt auch der einzige Unterschied in einer anderen Bezeichnung und die Spiele sind im Ablauf tatsächlich gleich.

In unserer Auswahl haben wir uns daher auf wenige, dafür aber eigenständige und auch spielbare Spiele beschränkt und allzu nahe Parallelen zu vermeiden versucht. Die wichtigsten Grundmuster, wie *Block, Muggins* und *Matador*, haben wir ebenso aufgenommen wie einige höchst reizvolle alte Kartenspiele, die auf die Dominosteine übertragen wurden, wobei sich oft einiges an ihrem Charakter änderte. Alle Regeln sind so angelegt, dass man mit jedem Spiel einsteigen kann. Wir nehmen also weder auf ein Grundspiel, noch auf vorangegangene Spiele Bezug. Sie haben die freie Auswahl und dürfen hemmungslos zugreifen und spielen!

Verlag und Autoren wünschen viel Spaß!

Inhalt

Kapitel Eins

Grundkurs Domino

Ob in Wien, München oder Paris – Domino erlebte schon im 19. Jahrhundert seine Blütezeit als beliebtes Kaffeehausspiel. Es gibt interessante Theorien darüber, wo das weltweit beliebte Spiel eigentlich seinen Ursprung hat und schon früh wurden klare Regeln festgelegt. In diesem Kapitel haben wir alle Grundregeln und das Wesentliche zu Taktik und Abrechnung zum Nachschlagen für Sie zusammengetragen.

Rätsel um die Ursprünge

Über den Ursprung dieses auch ästhetisch schönen Spiels haben Spieler wie auch Spielforscher schon im 17. und 18. Jahrhundert herumgerätselt. Seit der Zeit, als Domino in Europas Kaffeehäusern zu größter Beliebtheit gelangte, ist die Frage bis zum heutigen Tag noch immer nicht gelöst.

Wenn Dinge in einem geheimnisvollen Dunkel liegen, schließen gewöhnlich Legenden die Lücken zwischen Wissen und Nicht-Wissen. Die Überlieferung von der Entstehung des Dominospiels ist reizvoll, wird aber heute oft nur noch verstümmelt weiter gegeben. Manche Autoren verlegen sie in das 6. Jahrhundert nach Christus, andere – mit weitaus größerer Berechtigung – in das 17. Jahrhundert.

Was Domino mit Beten zu tun hat

In dem durch seine Benediktinerabtei berühmten Kloster auf dem Monte Cassino im Italien des 17. Jahrhunderts hatten sich zwei der frommen Brüder während der strengen Fastenzeit an einem saftigen Rinderbraten gelabt, obwohl es in diesen Wochen strikt verboten war, Fleisch zu essen.

Der gestrenge Prior des Klosters sperrte die beiden Missetäter bei Wasser und wenig Brot in eine vergitterte Zelle und verordnete ihnen harte Bußübungen. Mit Bedacht war die Zelle so ausgewählt, dass der Prior sie von seinem Garten aus im Blick behalten konnte.

Als die beiden Bratenfreunde nach einiger Zeit Langeweile verspürten, ersannen sie ein lustiges Spiel. Sie kratzten Steine aus dem Kalkputz ihrer Zellenwände und versahen sie mit den schwarzen Punkten der Würfel. Würfel selbst getrauten sie sich nicht herzustellen, weil das zu auffällig und auch wohl zu geräuschvoll beim Spielen gewesen wäre. Nach bestimmten Regeln fügten sie nun diese Steine in drei Reihen aneinander und hatten ihren Spaß daran, sich gegenseitig zu überlisten. Den frommen Prior aber mussten sie in dem Glauben lassen, sie seien eifrig mit Gebeten und Meditationen beschäftigt. Wenn der Abt also zu ihnen hinüber sah oder sich ein Geräusch an der Zellentür vernehmen ließ, begannen die beiden lebenslustigen Mönchlein den ersten Vers ihres Vesperpsalms herzusagen: „Dixit dominus domino meo: Sede a dextris meis."
Der Abt aber entfernte sich immer schon bei dem Wort „domino" beruhigt, und sie brachen das Gebet ab.

Nach Ablauf der Bußzeit machten die Mönche ihre Klosterbrüder mit dem neuen Spiel bekannt und gaben ihm übermütig den Namen Domino. Durch umherstreifende Bettelmönche verbreitete es sich bald in ganz Europa.

Die vielen Abwandlungen der Dominolegende aber und auch die gelehrten Bemühungen, der Entstehung dieses Spiels über die unterschiedlichen Deutungen des Wortes Domino auf die Spur zu kommen, haben bisher im Grunde nichts zur weiteren Klärung beigetragen.

Domino rund um den Globus

Nach heutiger Erkenntnis ist das Dominospiel, wie so manches andere Spiel, im fernen China entstanden. Hung Ming, ein legendärer Soldat soll es schon zu Anfang des 3. Jahrhunderts erfunden haben. Wahrscheinlicher ist die These, dass ein chinesischer Staatsmann es im Jahr 1120 erfand. Es sei dann von Kao-Tsung, dem Sohn des Kaisers Wie-Tsung, in der Schatzkammer seines Vaters entdeckt und eifrig gespielt worden.

In Italien soll Domino erstmals im 14. Jahrhundert aufgetaucht sein. Vielleicht hat es Marco Polo (1254–1323) aus dem fernen China mitgebracht. Wer weiß das schon genau? In Frankreich jedenfalls wurde Domino beinahe einhundert Jahre später zum großen Modespiel der Nation. Kriegsgefangene der napoleonischen Kriege sollen es in der Folge nach England gebracht haben. Und von dort aus trat es schließlich seinen Siegeszug rund um den ganzen Globus an. Vielleicht gelingt es der spielhistorischen Forschung später einmal, diesen Weg genauer zu verfolgen und – vergleichbar der Geschichte des Schachspiels – nachzuzeichnen.

Heute ist Domino tatsächlich rund um die ganze Erde und bei nahezu allen Nationen bekannt. Im Fernen Osten etwa gibt es ungefähr vier Dutzend Varianten des Dominospiels. Sie tragen wundervolle lyrische Titel wie zum Beispiel „Im Innern der Pagode", „Die springende Gazelle“, „Der Pfirsich-Garten“, „Die kleinen Schlangen“ oder „Blassrot im Dunst“.

Besonders in Indien und China wird Domino auch heute noch als Glücksspiel eingesetzt, oft genug mit Wahrsagerei verbunden. Auch wenn der Spieler sein Spiel im Moment verliert, gelten bestimmte Konstellationen als glücksbringend. Während sich hier also das mythische Element des Spiels behaupten konnte, fasziniert an Domino im abendländischen Westen vor allem der arithmetische Reiz, der es so anziehend macht.

Auch die Eskimos im hohen Norden haben schon im 19. Jahrhundert Domino gespielt. Sie nennen es „A Ma Zu Lat“, was so viel bedeutet wie „aufrecht nebeneinander stehen“. Sie spielen mit Steinen aus Walzahn und verwenden zwischen 60 und 148 Steinen. Auch hier haben die Steine je nach Zahlenkombination Namen. Da gibt es den Schlitten „Ka Niu Tik“ oder das Kanu „Kaiak“ oder den Nabel „Kale Sak“. Es heißt, die Eskimos seien bereit, beim Spiel so ziemlich alles zu verwetten, was in ihrem Iglu vorhanden ist. Irland und Spanien sind die einzigen Länder in West-Europa, wo Domino vorwiegend als Glücks- und Geschicklichkeitsspiel betrieben wird. Gerade die Iren halten Turniere ab, die nach Augenzeugenberichten „mit der Wildheit von Stammeskriegen“ zu vergleichen sind. Während hier mit wirklicher Leidenschaft und hohen Einsätzen gespielt wird, ist Domino in Spanien eher ein Wirtshaus- und Kaffeehausspiel wie vor hundert Jahren. In Deutschland dagegen halten viele Domino für ein Kinderspiel. Dabei war es noch bis ins 20. Jahrhundert hinein ein Spiel der Erwachsenen. Wie sich in diesem Buch zeigen wird, vollkommen zu Recht!

Gleiche Regeln für alle

Domino ist schon immer ein sehr volkstümliches Spiel gewesen. Kein Wunder, dass man allenthalben unterschiedliche Begriffe und vielfältige Regelvarianten vorfindet. Für Skat- und Doppelkopf-Spieler ist es ja durchaus nichts Neues, dass man sich vor dem Spiel über die Spielweise ausspricht und über die wichtigsten Regeln einigt, um spätere Zwistigkeiten zu vermeiden.

Die wichtigsten Grundbegriffe des Dominospiels haben wir in einer Übersicht ab Seite 14 zusammengestellt. Sollte das ein oder andere dem Gedächtnis entschwunden sein, kann man es hier leicht wieder nachschlagen. Auch schadet es nicht, das Spielmaterial selbst wieder einmal genauer unter die Lupe zu nehmen. Ein Anfänger darf ruhig aufs Geratewohl mit dem Dominoset umgehen. Von einem fortgeschrittenen Dominospieler darf man jedoch ein bisschen mehr Durchblick, Taktik und Vorausplanung erwarten. Es gibt ja in jedem Spiel ein regelrechtes Netzwerk von Zahlen und Querverbindungen. Das muss man schon ein wenig kennen, um sich im Spiel behaupten zu können.

Dominosets aus sechs bis zwölf Steinen

Dominosteine zeigen in ihren quadratischen Feldern alle Zahlenkombinationen, die man mit zwei Würfeln erreichen kann. Die Chinesen sind übrigens konsequenter als die Europäer: Sie haben keine Nullfelder in ihrem Spiel. Bei uns aber gibt es solche „Blank-Felder“ und manche Dominosets haben sogar Steine mit weitaus mehr Augen, als sich gewöhnlich auf einem Würfel unterbringen lassen.

Je nach den höchsten Feldern, die auf den Steinen eines Dominosets vorkommen, spricht man von einem Sechser-, einem Achter- und einem Neuner-Domino usw. Am weitesten verbreitet ist noch immer das Sechser-Domino, das wir daher auch diesem Buch zugrunde gelegt haben. Das Achter-Domino, historisch schon erstaunlich früh nachweisbar, wird heute nur noch in Österreich bevorzugt. Den Amerikanern blieb es vorbehalten, ein Zwölfer-Domino mit 91 Steinen zu entwickeln. All das hat sich aber wegen seiner Unübersichtlichkeit beim Spielen bis auf den heutigen Tag nicht so recht durchsetzen können. Hier nun die möglichen Dominosets mit den wichtigsten Zahlenwerten:

Mögliche Dominosets und ihre Zahlenwerte

Höchster Doppel	6	7	8	9	10	11	12
Zahl der Steine	28	36	45	55	66	78	91
Zahl der Doppel	7	8	9	10	11	12	13
Gesamt	168	252	360	495	660	858	1092

Taktik und Strategie

Schauen wir noch ein wenig tiefer in die Anatomie des Sechser-Domino: Nach der Tabelle besteht es aus insgesamt 28 Steinen, darunter sind sieben Doppelsteine. Besonders Bemerkenswert aber ist, dass in diesem Set jede Augenzahl insgesamt jeweils auf sieben Steinen erscheint. Das ist wichtig zur Beurteilung einer Spielsituation. Damit kann man – je weiter sich ein Spiel entwickelt, um so genauer – den Bestand an bestimmten Spielsteinen absehen, der noch beim Gegner oder aber im Stock sein muss. Sind etwa drei Fünfer bereits ausgespielt und zwei weitere unter den eigenen Steinen, so weiß man im Handumdrehen: Zwei Fünfer sind noch draußen. Damit sind wir schon mitten in spieltaktischen Überlegungen. Es ist nützlich, sich einen genauen Überblick über die Steine des Dominosets zu verschaffen.

Im Spiel kommt es immer darauf an, welche Steine schon ausgespielt sind und mit welchen noch zu rechnen ist. Bis man sich da völlig sicher ist, legt man sich am besten die Übersicht über die Steine (siehe Seite 13) daneben. Mit zunehmender Sicherheit im Umgang mit dem Dominoset kann man später leicht darauf verzichten.

Natürlich spielt das Glück beim Domino eine große Rolle, schon durch Unwägbarkeiten beim Ziehen oder Kaufen der Steine. Aber mit etwas mehr Übung ist man bald in der Lage, so einiges mit einer durchdachten Spielweise zu korrigieren. Und je weniger Steine dann noch in einem Spiel sind, desto größer werden die Möglichkeiten für die eigene Taktik, weil man ja immer genauer bestimmen kann, welche Steine noch draußen sind.

Und folgerichtig gilt auch: Je mehr Steine ein Spieler hat, desto besser kann er bei bestimmten Spielarten seinen Gegenspieler in Verlegenheit bringen. Es kann also unter Umständen gar nicht so gut sein, jemanden zum Kaufen zu zwingen, wie Anfänger oft glauben.

Hat man viele Steine einer bestimmten Punktzahl – eine große „Force“ nannte man das früher –, dann kann man damit natürlich auftrumpfen. Das A und O des Dominospiels ist es also, wie beim Skat das eigene „Blatt“ richtig einzuschätzen und auszuspielen. Dabei gilt es, aufmerksam zu registrieren, was ausgespielt wird und vorsichtig zu kalkulieren, was der Mitspieler wohl noch auf der Hand haben könnte und was nicht. Doch damit genug der allgemeinen taktischen Vorüberlegungen. Wirklich gut zu spielen, lernt man am besten doch durch Spielen.

Die Spielabrechnung

Wir schlagen immer die einfachste Abrechnungsart vor, die denkbar ist: Alles, was die Mitspieler bei Spielschluss noch nicht untergebracht haben, wird in der Gesamtpunktzahl dem gutgeschrieben, der Schluss und somit „Domino“ gemacht hat.

Dass dieses Verfahren im Spiel mit mehreren Personen nicht gerade sehr präzise ist, lässt sich angesichts der zeitsparenden Handlichkeit dieser Methode verschmerzen. Wer es also genauer haben will, muss wie beim Doppelkopf-Spiel abrechnen. Wie das Beispiel zeigt, kann man auf diese Weise die Differenzen untereinander und damit auch die unterschiedlichen Spielstärken rechnerisch berücksichtigen. Spieler A hat das Spiel gewonnen. Die obere Querspalte weist aus, wie viel Steine bzw. Punkte die übrigen Spieler B, C und D noch auf der Hand hatten. In den folgenden drei Querspalten rechnen die vier Spieler anschließend untereinander auf: Zunächst Abstand A zu B, dann A zu C und A zu D; darauf folgt Abstand B zu C, B zu D und so geht es weiter.

Beispiel: Spielabrechnung

A	B	C	D
–	1	5	3
1+	1-	5-	3-
5+	4+	4-	2-
3+	2+	2-	2+
9+	5+	11-	3-

Die Steine der Dominosets

Die innere Struktur von Domino folgt strenger mathematischer Regelmäßigkeit. Die Übersicht auf Seite 13 zeigt, welche Steine zu den verschiedenen Dominospielsets gehören. Dabei geht man immer von unten aus so weit hoch, bis man die höchste Augenzahl eines bestimmten Sets erreicht hat.

Alles, was in der Zeile Vierer-Domino und darunter steht, gehört also zu einem kompletten Vierer-Set. In der ersten Spalte daneben kann man auch gleich die Gesamtzahl der Augen ablesen. Die nächsten drei schrägen Spalten sind nur noch mathematische Spielereien.

Da ist jeweils zwischen zwei untereinander stehenden Werten die Differenz gezogen. Der strenge Formalbau des Spiels wird auf diese Weise deutlich.

Die Steine des Dominospielsets

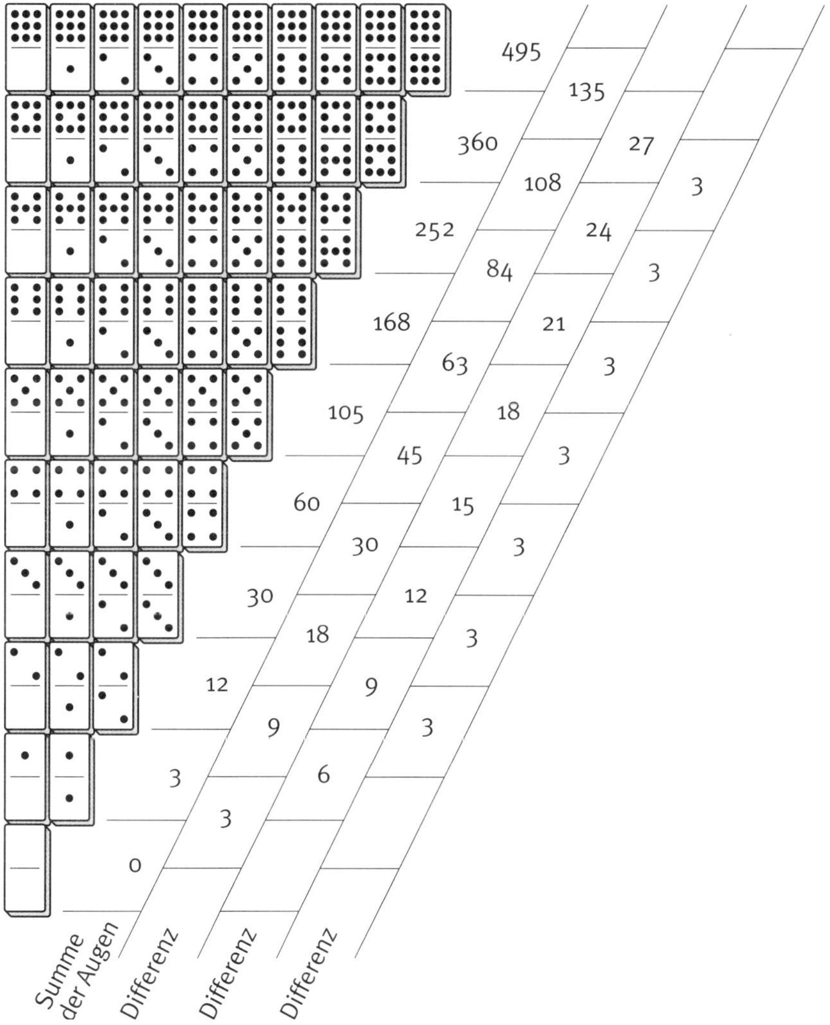

Grundkurs Domino

Domino-Grundbegriffe

Stein

Feld

Feld = halber Stein

Augen

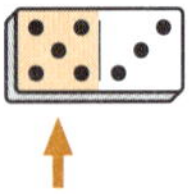

fünf Augen

Blank

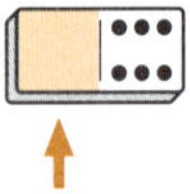

null Augen

Doppel
Doppelstein

Doppel-Fünfer

Ende

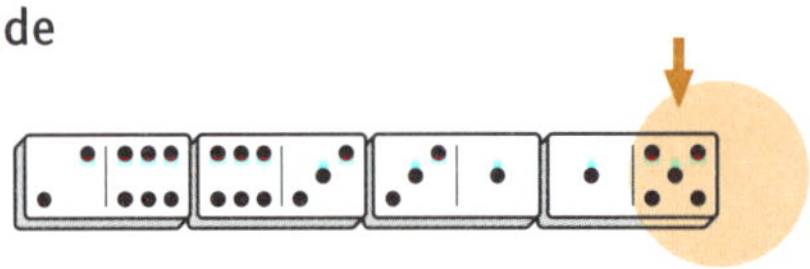

Anlegen am Ende

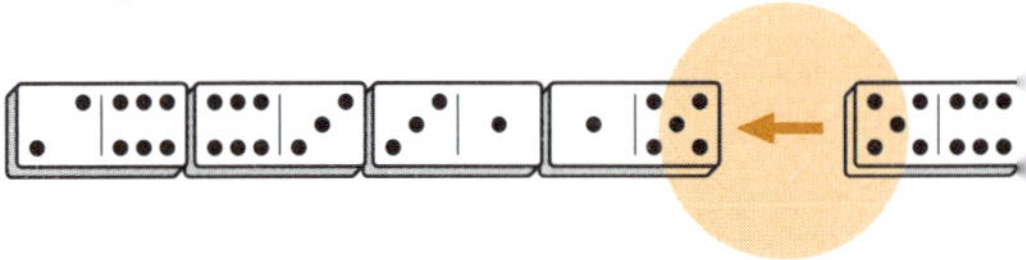

Offene Seiten
(nur am Doppelstein möglich)

Anlegen an der offenen Seite

Auslegetechnik – längs

Gleiche Augenzahl aneinander.
Doppelsteine stets quer auslegen!

Auslegetechnik quer

Gleiche Augenzahl aneinander.

Mischen

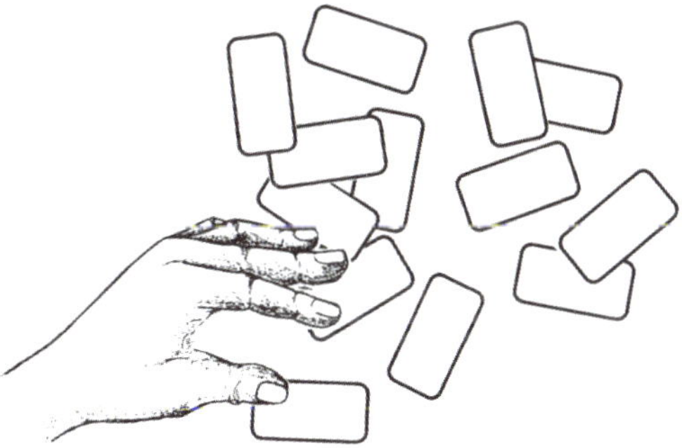

Aufnehmen

Talon (Vorrat)

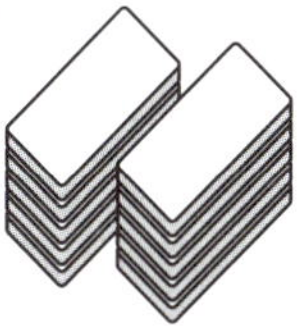

Reststeine, die nicht aufgenommen wurden.

Eröffnen

Ersten Stein auslegen.

Kaufen

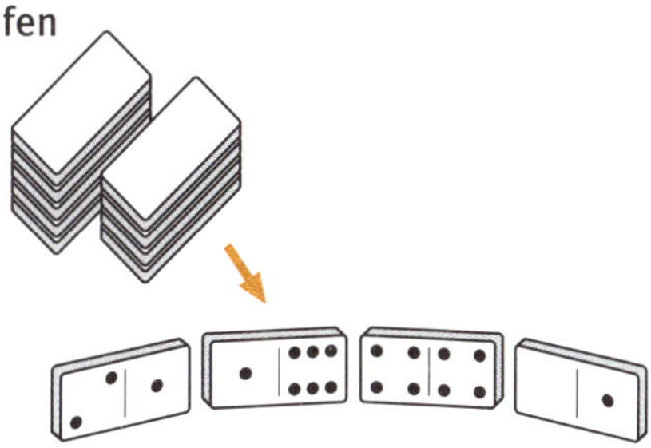

Stein vom Talon nehmen.

Passen – nichts tun. Eine Runde aussetzen.

Sperre

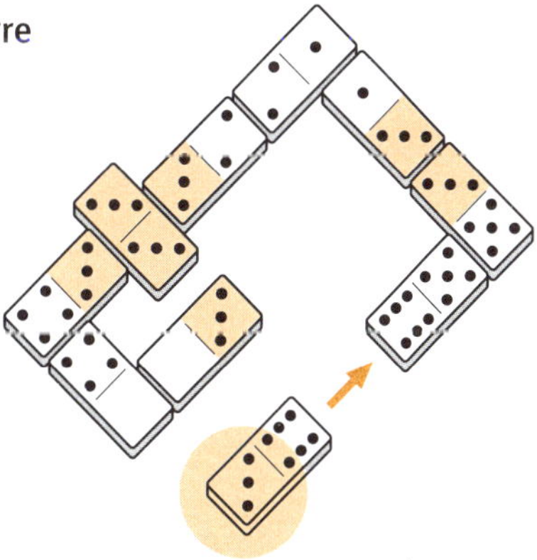

6.3 sperrt das weitere Spiel, denn alle Dreier sind im Spiel. Es kann an beiden Enden kein weiterer Stein mehr angelegt werden.

Runde

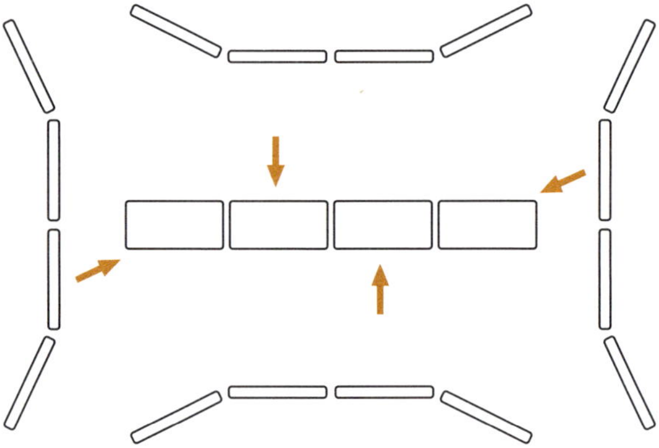

Jeder Spieler war einmal an der Reihe.

Rechenformeln für beliebige Dominospiele

Auch das sei noch erwähnt: Im Jahr 1859 bereits hat der Mathematiker Dr. Reiß sich der Mühe unterzogen, die Zahl der Arten genau auszurechnen, die 28 Dominosteine nach der geläufigen Regel in Reih und Glied zu bringen. Diese Arbeit ist uns also abgenommen, wir brauchen nur noch das Ergebnis vorzutragen: Es gibt sieben Billionen neunhundertneunundfünfzigtausendzweihundertneunundzwanzig Millionen neunhunderteinunddreißigtausend fünfhundertundzwanzig Lösungen für das simple Familienspiel Domino. Die Zahl der Anordnungen für das Spiel mit 45 Steinen (Doppel-Acht-Spiel), die Dr. Reiß ebenfalls ermittelte, wird hier nicht abgedruckt. Schließlich soll ja auch noch ein bisschen gespielt werden! Wer Spaß daran hat, die Eckwerte eines beliebigen Dominospiels zu errechnen, kann sich an die folgenden Formeln halten:

N sei die höchste Augenzahl eines Spiels. Dann ist

$$\frac{(N+1)\cdot(N+2)}{2} = \text{die Zahl der Steine des Spiels}$$

$N + 1$ = die Zahl der Doppelsteine des Spiels

$N + 2$ = die Zahl der Felder mit gleicher Augenzahl

$$\frac{N\cdot(N+1)\cdot(N+2)}{2} = \text{die Gesamtzahl der Augen des Spiels}$$

$N + 1$ = die Zahl der Steine, bei denen die Summe der Augen gleich ist (z. B. 3 + 4 und 2 + 5 usw.)

Strenge Sitten

Wer in alten Domino-Büchern blättert, dem wird sehr schnell klar: Es handelt sich keineswegs um ein belangloses Spiel, bei dem jeder Spieler machen darf, was er will oder was ihm gerade so einfällt. Im Gegenteil! Früher wurde mit Domino oft um viel Geld gespielt. In manchen Ländern der Erde ist das auch heute noch so. Und da sind die Regeln allemal aus gutem Grund scharf gefasst und bis ins Detail ausgearbeitet. Dazu gehört natürlich auch, dass es für jede Art von Verstößen – versehentlicher oder gar geplanter Art – festgelegte Strafen gibt. Auch wenn man heute Domino vielleicht nicht mehr so häufig als Glücksspiel spielt, sondern überwiegend zur angenehmen Unterhaltung, macht es nach wie vor Sinn, die Spielregeln unverändert zu beherzigen, damit ein gutes Spiel zustande kommt und Domino auch wirklich Freude macht. Es ist also nicht nur amüsant,

Kaffeehaus-Knigge für Dominospieler

- Die Steine werden vor dem Spiel verdeckt gemischt, wobei sie mit beiden Händen durcheinander geschoben werden müssen.
- Die Hände dürfen dabei nicht auf den Steinen ruhen bleiben, sondern sie müssen immer wieder deutlich sichtbar neu aufgesetzt werden.
- Wer gemischt hat, nimmt seine Steine als Letzter. Es gilt als unschicklich, beim Aufnehmen der Steine lange herumzusuchen oder gar einen Dominostein zu viel an sich zu nehmen, um ihn anschließend wieder abzulegen.
- Wird beim Aufnehmen ein Stein – absichtlich oder unabsichtlich – umgeworfen oder auf andere Weise für Mitspieler sichtbar aufgedeckt, können die Gegner verlangen, dass noch einmal gemischt wird.
- Findet sich ein Stein, der im Talon fehlt, auf dem Fußboden, so wird er aufgedeckt in den Vorrat gegeben.
- Anlegen nur so zur Probe, ist nicht erlaubt. Ein bereits angelegter Stein darf nicht mehr an einen anderen Ort gelegt werden.
- Worte und Zeichen jedweder Art, welche dem Partner andeuten, welche Steine man hat oder welche Steine dieser setzen soll, geben dem Gegner das Recht, das Spiel zusammenzuwerfen.
- Alle streitigen Fälle werden einvernehmlich oder aber nach vorheriger Vereinbarung von der „Galerie“ entschieden, also den umstehenden Zuschauern. Stimmberechtigt sind dabei nur Zuschauer, die die Regeln kennen.
- Während eines Spiels jedoch darf sich die „Galerie“ auf keine Weise in das Spiel selbst einmischen.

sondern auch ganz nützlich, sich anzuschauen, was unsere Altvorderen so alles geregelt haben.

Fast alle dieser Regeln kann man so heute noch ohne Vorbehalt unterschreiben. Nachlesen kann man sie beispielsweise in dem von den Wiener Buchhändlern Kaulfuß und Krammer herausgegebenen Büchlein „Theoretisch-praktische Anleitung zu dem beliebten Domino-Spiele“ aus dem Jahr 1928. Darin wird laut Untertitel beschrieben, wie solches *„der strengsten Räson gemäß, nach bestehenden Regeln, behandelt werden müsse, um den möglichst günstigsten Erfolg zu sichern“*. Das Büchlein zählt zur ältesten Domino-Literatur. Die Autoren bemerken abschließend: *„Übermuth beim Gewinn und nicht zu verbergender Unwille beim Verlust sind zwei jeden Mitspieler im höchsten Grade disgustierende Fehler, die aber dennoch sehr vielen Leuten, besonders der letzte, eigen sind. Ein verständiger Mann wird nie die Achtung, die er einer gebildeten Gesellschaft schuldig ist, außer Augen setzen und sich im Verluste: durch Streit und Rechthaberei von einer pöbelhaften Seite zeigen, oder im Gewinne: einen zufällig freundlichen Blick der Glückgöttin für den wohlverdienten Tribut seiner Geschicklichkeit halten und sich mit der albernen, höchst arroganten Behauptung brüsten:* Ja können muss man's halt!, *was selbst als Scherz etwas zu plump ist.“*

Sieht man von der wunderlich geschraubten, umständlichen Sprache einmal ab, so hat das auch heute noch Gültigkeit. Obgleich wir wissen, dass wohlgemeinte Mahnungen nicht viel nützen, lassen wir sie hier einfach so stehen.

Domino online spielen

Gewiss, es geht. Natürlich befinden sich im Internet Spielpartner oder auch Programme, die den Gegenspieler ersetzen und selbst antreten. Weil die Anbieter gelegentlich wechseln geben wir keine Links an. Man findet sie aber leicht, wenn man „Domino spielen“ bei Google, Yahoo oder einer beliebigen anderen Suchmaschine eingibt. Es gibt bunt gemischte, anständige, überflüssige und gelegentlich auch etwas seltsame Angebote …

Die Tatsache, dass es möglich ist, Domino im Netz zu spielen, heißt noch lange nicht, dass das auch wirklich eine gute Idee ist. Ein lebendiger Spielpartner, der einem in die Augen sieht, mit dem man reden und gegen den man spielen kann, ist gerade bei einem so vielfältigen und lebendigen Spiel wie Domino nicht durch den Blick auf einen Bildschirm zu ersetzen. Und noch etwas Wichtiges fehlt: das wunderbare Gefühl, mit den Steinen umzugehen. Einen Stein in der Hand zu wiegen, bevor man ihn auslegt. Domino ist nun mal ein Spiel, das die Sinne anspricht. Und davon ist das Spiel im Internet Lichtjahre entfernt!

Kapitel Zwei

Dominospiele

Mit Dominosteinen lassen sich strategisch hoch anspruchsvolle Spiele spielen, aber auch ganz einfache, eher amüsante, deren Gewinner eher Glück im Spiel brauchen. *Jackpot* ist sogar ein Glücksspiel und ein Spiel wie *Zahltag* trainiert das Kopfrechnen. Viele Dominospiele wie *Alles oder Nichts* oder *Bingo* waren ursprünglich Kartenspiele, die auf die Dominosteine übertragen wurden, meist weil es eben viel vornehmer aussah, mit den handlichen Steinen zu spielen, als mit Karten.

Domino Tête à Tête

- Zahl der Spieler: zwei bis vier
- Schwierigkeitsgrad: ●○○○○○○○○

Anfängern und Fortgeschrittenen verheißt dieses Buch gleichermaßen gute Unterhaltung beim Dominospielen. Doch wer fortschreitet, sollte ab und zu auch zurückschauen, um den Fortschritt zu genießen. Wie war das doch? Wie haben wir eigentlich als Kinder dieses Spiel gespielt?

Gute Spieler, die ein wenig in die innere Mathematik eingestiegen sind, können übrigens selbst diesem einfachen Spiel mit Konzentration spannende Seiten abgewinnen. In Frankreich wurde diese Variante früher in jedem Café und zu jeder Gelegenheit gespielt. Wie der Name schon sagt ist es eigentlich eine Partie zu zweit.

1. Der Spieler, der aus dem verdeckten Haufen den Stein mit dem höchsten Wert zieht, eröffnet das Spiel.
2. Die Steine werden noch einmal verdeckt gemischt. Die Spieler ziehen sich nach folgendem Schema ihre Steine:
   - bei zwei Spielern: je acht Steine,
   - bei drei Spielern: je sieben Steine,
   - bei vier Spielern: je fünf Steine.

Die restlichen Steine bleiben verdeckt und bilden den Vorrat oder Talon.

3. Die Spieler decken ihre Steine auf, ordnen sie nach den Augenzahlen und stellen sie so auf, dass sie von den Mitspielern nicht eingesehen werden können.
4. Spielziel ist es nun, als erster Spieler alle gezogenen Steine loszuwerden. Ein Stein darf ausgelegt werden, wenn eines seiner beiden Felder in der Punktzahl mit einem der freien Enden der bereits ausgelegten Reihe übereinstimmt.

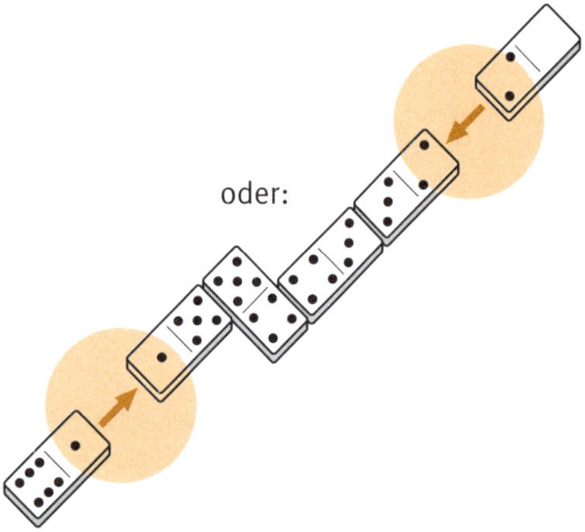

5. Der erste Spieler eröffnet mit einem beliebigen Stein seiner Wahl. Hat der nächste einen passenden Stein, legt er ihn an. Kann er nicht, muss er bis zu zwei Steine aus dem Talon ziehen. Findet er dabei einen passenden Stein, darf er diesen sofort auslegen und der nächste Spieler ist wieder an der Reihe.

6. Das Spiel ist zu Ende, wenn ein Spieler alle Steine untergebracht hat. Er bekommt die Gesamtpunktzahl aller Reststeine seiner Mitspieler gutgeschrieben.

Vorschlag zur Variation

Wer am Spiel ist, darf solange auslegen, wie er passende Steine zur Verfügung hat. Dann geht das Spiel an den nächsten Spieler weiter. Das ergibt einen durchaus neuen Spielreiz.

Französisch Domino

- Zahl der Spieler: zwei bis vier
- Schwierigkeitsgrad: ●●○○○○○○○

Im Frankreich des 18. und 19. Jahrhunderts war Domino das Nationalspiel. Unendlich viele Varianten wurden in Kneipen und Cafés entwickelt. Das folgende Spiel lebt von der Freiheit, einfach zu passen oder beliebig viele Steine zu ziehen oder – man staune – ganz einfach an die ausliegende Reihe anzulegen. Wenn das nicht revolutionär ist! Hier die Spielregeln Schritt für Schritt:

1. Alle Spieler ziehen sich einen Stein aus dem verdeckten Haufen. Wer den Stein mit dem höchsten Wert gezogen hat, eröffnet das Spiel.

2. Alle Steine werden noch einmal gemischt. Die Spieler ziehen sich ihre Steine:

- bei zwei bis drei Spielern: je sieben Steine,
- bei vier Spielern: je sechs Steine.

Die restlichen Steine bilden den Vorrat oder Talon.

3. Der erste Spieler spielt einen Stein seiner Wahl aus. Der nächste Spieler hat nun jeweils drei Möglichkeiten:

- Er kann einen passenden Stein (gleiche Augenzahl auf den angrenzenden Feldern!) anlegen.
- Er kann beliebig viele Steine aus dem Talon nehmen, wobei zwei Steine am Schluss verdeckt liegen bleiben müssen und er auf ein Anlegen verzichtet.
- Er kann auch auf alles verzichten und passen, auch wenn er geeignete Steine zum Auslegen besitzt.

4. Ist der Talon bis auf zwei Steine ausgeräumt, kann man natürlich nur noch anlegen oder passen.

5. Das Spiel ist zu Ende, wenn ein Spieler alle seine Steine abgelegt hat oder wenn kein Spieler mehr ausspielen kann. Im letzteren Fall wird der Gewinner durch die niedrigste Punktzahl auf den Reststeinen bestimmt.

Domino blind

- Zahl der Spieler: zwei bis fünf
- Schwierigkeitsgrad: ●○○○○○○○○

Dieses Spiel wird natürlich nicht mit verbundenen Augen gespielt. Insofern ist sein Name etwas irreführend. Die Steine dürfen nur vor dem Ausspielen nicht angeschaut werden. Auf diese Weise kommt natürlich ein weiteres Zufalls- oder Glücksmoment in das Spiel. An vielen Orten wird diese Version übrigens als das gewöhnliche und gewohnte Dominospiel angesehen. Großes taktisches Raffinement lässt sich hier nicht entwickeln.

1. Der Spieler, der aus dem verdeckten Haufen den Stein mit dem höchsten Wert zieht, eröffnet das Spiel.
2. Alle Steine werden verdeckt durchgemischt. Dann ziehen sich die Spieler ihre Steine:
   - bei zwei bis drei Spielern: je sieben Steine,
   - bei vier bis fünf Spielern: je fünf Steine.
3. Die restlichen Steine kommen verdeckt auf die Seite und werden nicht mehr benötigt. Die gezogenen Steine werden nicht aufgedeckt, sondern mit den Augen nach unten und zu einer Reihe zusammengefügt vor dem Spieler bereitgehalten.
4. Der erste Spieler eröffnet das Spiel, indem er von rechts den ersten Stein seiner Reihe aufdeckt und in die Tischmitte legt.
5. Der nächste Spieler deckt ebenfalls seinen ersten Stein auf. Passt er in der Augenzahl an die Reihe (Feld an Feld gleiche Augenzahl), wird er angelegt. Passt er nicht, wird er umgedreht und links wieder an die Vorratsreihe angefügt.
6. Spielziel ist es, alle Steine als erster Spieler loszuwerden.
7. Es ist allerdings möglich, dass das Spiel nicht aufgeht, da ja einige Steine nicht ausgegeben und nicht über einen Talon ins Spiel gebracht werden. Es gibt dann eben keinen Gewinner oder man vereinbart, dass der Spieler mit der höchsten Augenzahl auf seinen Reststeinen verloren hat.

Block-Domino

- Zahl der Spieler: zwei bis vier
- Schwierigkeitsgrad: ●●●○○○○○○

Block-Domino ist die Basis für eine ganze Reihe origineller Dominospiele. Schon allein deswegen lohnt es sich, *Block* zu spielen. Darüber hinaus aber lernt man hier wie bei kaum einem anderen Dominospiel, die Steine zu überblicken und eigene Stärken und Schwächen einzuschätzen.

Und wen das alles noch nicht reizt: Bei *Block-Domino* kann man so richtig schön gehässig sein. Das gehört da wirklich zum Spiel!

1. Der Spieler, der aus dem verdeckten Haufen den Stein mit dem höchsten Wert zieht, eröffnet das Spiel.
2. Die Steine werden noch einmal gründlich gemischt. Danach ziehen sich die Spieler ihre Steine:
- bei zwei Spielern: je sieben Steine,
- bei drei Spielern: je sechs Steine,
- bei vier Spielern: je fünf Steine.

3. Die Spieler decken ihre Steine auf, ordnen sie gemäß den Punktwerten und stellen sie so auf, dass sie von den Mitspielern nicht eingesehen werden können.
4. Der erste Spieler eröffnet mit einem beliebigen Stein seiner Wahl. An diesen Stein dürfen im folgenden Spiel nach beiden Seiten Steine angelegt werden, die auf den beiden angrenzenden Feldern gleiche Augenzahlen aufweisen.
5. Spielziel ist es zunächst auch hier, möglichst als erster Spieler alle Steine abzulegen. Da aber nur eine bestimmte Zahl von Steinen ausgeteilt werden, bleiben immer einige verdeckt im Talon zurück, sind also nicht im Spiel. Das mindert natürlich die Wahrscheinlichkeit, dass man alle Steine los wird.
Es geht also darum, das Spiel durch überlegten Einsatz seiner Steine möglichst so zu beeinflussen, dass man selbst alle „teuren" Steine los wird und die Enden so blockiert, dass das Auslegen für die Mitspieler immer schwieriger und schließlich unmöglich wird.
6. Ein Doppelstein wird immer quer zur Reihe gelegt. Allerdings darf anschließend nur an der offenen Seite weiter angelegt werden, nicht aber an den Feldern.

7. Kann keiner der Spieler in der Runde mehr anlegen, so ist die Partie blockiert und zu Ende. Der Spieler mit der niedrigsten Augenzahl aus seinen restlichen Steinen hat gewonnen. Der Gewinner erhält jeweils die Gesamtzahl der Augen jedes Mitspielers abzüglich seiner eigenen Reststeine gutgeschrieben.
8. Kann vor einer Sperrung ein Spieler alle seine Steine ausspielen, ist das Spiel ebenfalls beendet. Der Gewinner erhält in diesem Fall alle Punkte ohne Abzug gutgeschrieben.
9. Man spielt in der Regel so viele Runden, bis einer der Spieler mehr als 101 Punkte hat. Damit beginnt die letzte Runde.
Es gewinnt schließlich der Spieler mit der höchsten Augenzahl.

Malteser Kreuz

- Zahl der Spieler: vier
- Schwierigkeitsgrad: ●●○○○○○○○

Der Ursprung dieses Spiels, das auch unter dem Namen *Sebastopol* bekannt ist, wird im zaristischen Russland vermutet. Aber so ganz genau weiß man das eigentlich nicht.

Wer gewohnt ist, bei Domino immer hübsch an eine Reihe anzulegen, wird hier irritiert sein. Denn zunächst einmal basteln alle Spieler an einem Großkreuz, dem achtspitzigen Friedenskreuz des Johanniter-Ordens.

1. Die Steine werden verdeckt gemischt. Die vier Spieler nehmen sich je sieben Steine. Es bleibt somit kein Talon.
2. Der Spieler mit der Doppel-Sechs legt diesen Stein in die Tischmitte und eröffnet damit das Spiel.
3. Der nächste Spieler in der Runde legt einen Stein mit einem Sechser-Feld an, entweder an der offenen Seite oder an einem der beiden Enden.

oder:

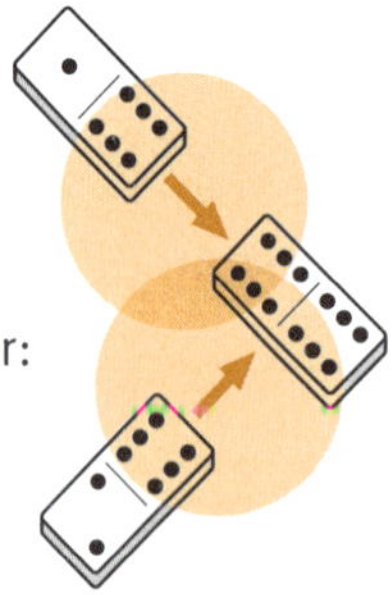

4. Der dritte Spieler kann entweder ebenfalls einen Sechser-Stein an den Grundstein oder aber einen Doppel an den Stein seines Vorgängers legen:

oder Doppel:

Die Doppelsteine werden immer quer zur Reihe gelegt.

5. Im Folgenden kann – kreuzförmig vom Grundstein ausgehend – nach vier Richtungen hin ausgelegt werden. Dabei muss aber an jedes Ende der ersten vier Steine, die an den Grundstein angrenzen, ein Doppel gelegt werden. Auf diese Weise entsteht besagtes Malteser Kreuz, das dem Spiel seinen Namen gegeben hat.
6. An die äußeren Doppelsteine des Kreuzes kann dann normal in einer der vier Richtungen wahlweise angelegt werden.
7. Wer nicht anlegen kann, muss passen. Wenn alle vier Spieler passen müssen, ist das Spiel „gesperrt“. Dann gewinnt der Spieler mit der niedrigsten Punktzahl auf den restlichen Steinen. Die Punktzahl jedes Gegen-

spielers abzüglich der eigenen Punkte wird ihm gutgeschrieben.

8. Ansonsten gewinnt, wer zuerst alle Steine ablegt. Er erhält die Gesamt-Augenzahl der Reststeine seiner Mitspieler gutgeschrieben.

Matador

- Zahl der Spieler: zwei bis vier
- Schwierigkeitsgrad: ●●●○○○○○○

Bei uns kennt man dieses Spiel auch unter dem Namen *Kardinal* oder *Russisches Domino*. Gespielt haben es allerdings meist nur Dominofans, die sich schon ein wenig näher mit den gepunkteten Steinen befasst hatten und einen neuen Spielreiz suchten. Tatsächlich läuft *Matador* schon ein wenig anders als das gewohnte Domino.

1. Der Spieler, der aus dem Haufen verdeckter Steine den höchsten Wert zieht, eröffnet das Spiel.

2. Die Steine werden gemischt und jeder Spieler zieht sich seine Steine:
- bei zwei Spielern: je sieben Steine,
- bei drei Spielern: je sechs Steine,
- bei vier Spielern: je fünf Steine.

Die restlichen Steine bilden den Vorrat.

3. Die Spieler decken ihre Steine auf, ordnen sie und stellen sie so auf, dass man sie nicht einsehen kann.

4. Der erste Spieler eröffnet das Spiel mit einem Stein seiner Wahl, er legt ihn in die Tischmitte.

5. Der nächste Spieler kann an diesen Stein anlegen, wenn er einen Stein mit einem passenden Wert hat. Angelegt werden darf nur ein Stein, wenn anschließend die beiden angrenzenden Felder zusammen die Zahl 7 ergeben.

6. An Blank-Felder kann nur mit einem *Matador* angelegt werden. *Matadore* sind der Doppel-Blank sowie alle Steine, die in sich schon sieben Augen aufweisen.

Dies sind die vier *Matadore* eines Spiels:

7. Die *Matadore* können also als Joker auch dann angelegt werden, wenn kein passender Stein auf der Hand ist. Dabei darf der anlegende Spieler das freie Ende bestimmen:

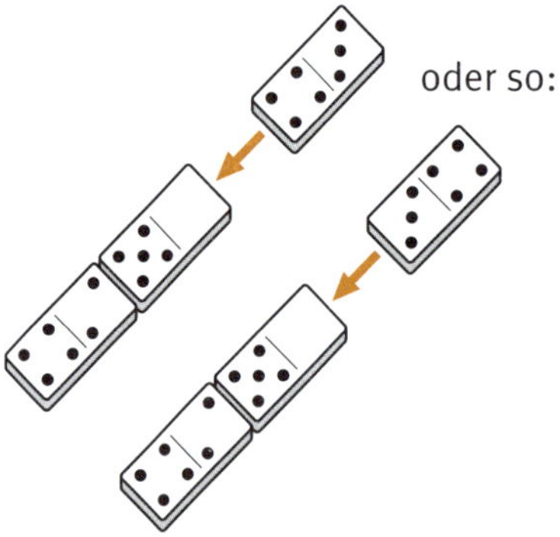

8. Wird der *Matador* aber quer gelegt, darf der nächste Spieler das Ende frei wählen, an das er anlegen will.
An einen quer liegenden *Matador* darf kein zweiter quer angelegt werden!
9. Der *Matador* muss nicht ausgespielt werden, wenn es der Spieler nicht will. Wer allerdings nicht anlegen kann, muss bis zu zwei Steine aus dem Vorrat nehmen. Passendes wird sofort angelegt. Ist der Vorrat aufgebraucht, muss man passen.

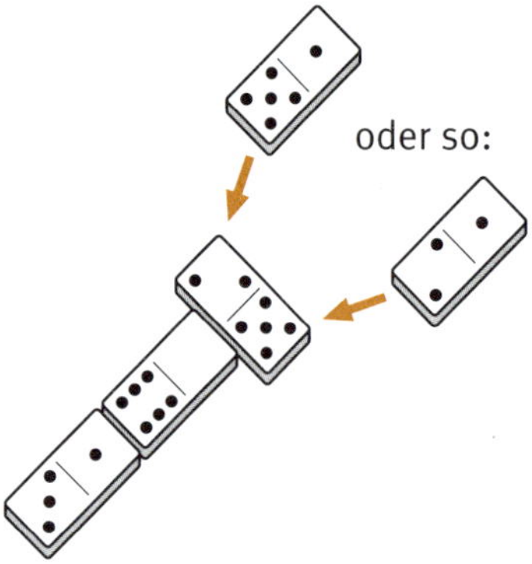

10. Das Spiel ist beendet, wenn ein Spieler alle Steine angelegt hat. Der Sieger bekommt die Gesamtpunktzahl der Reststeine seiner Mitspieler gutgeschrieben.
11. Endet die Partie gesperrt, also konnte kein Spieler in der Runde mehr anlegen, gewinnt der Spieler mit der niedrigsten Punktzahl. Er bekommt die Gesamtpunktzahl auf den Reststeinen seiner Mitspieler abzüglich jeweils der Augenzahl seiner eigenen Reststeine gutgeschrieben.
12. Spielt man mehrere Runden, beginnt die letzte Runde, sobald ein Spieler 101 Punkte erreicht hat. Es gewinnt nach Schluss des letzten Spiels dieser Runde, wer die höchste Punktzahl auf seinem Konto hat.

Bergen

- Zahl der Spieler: zwei bis vier
- Schwierigkeitsgrad: ●●●●○○○○○

Englische Marine-Soldaten, die sich während ihrer Stationierung in der norwegischen Hafenstadt langweilten, sollen dieses Spiel entwickelt und ihm den Namen gegeben haben. Wie dem auch sei: *Bergen* ist ein interessanter Verschnitt aus verschiedenen Dominospielregeln und ein reizvolles Spiel dazu.

1. Die Spieler ziehen aus dem Haufen verdeckter Steine je einen Stein. Wer den höchsten Wert gezogen hat, eröffnet das Spiel.
2. Die Steine werden gründlich gemischt. Die Spieler ziehen sich ihre Steine:

- bei zwei Spielern: je sechs Steine,
- bei drei Spielern: je sechs Steine,
- bei vier Spielern: je fünf Steine.

Die Steine werden aufgedeckt und so aufgestellt, dass sie von den Mitspielern nicht eingesehen werden können. Die restlichen Steine bleiben verdeckt aus dem Spiel.

3. Spielziel ist es, Punkte zu sammeln, indem man Steine mit gleichen Augen auf den angrenzenden Feldern anlegt, und zwar möglichst solche, die auf dem freien Außenfeld zugleich auch dieselbe Augenzahl wie das andere freie Ende der Reihe zeigen. Das bringt jeweils zwei Punkte:

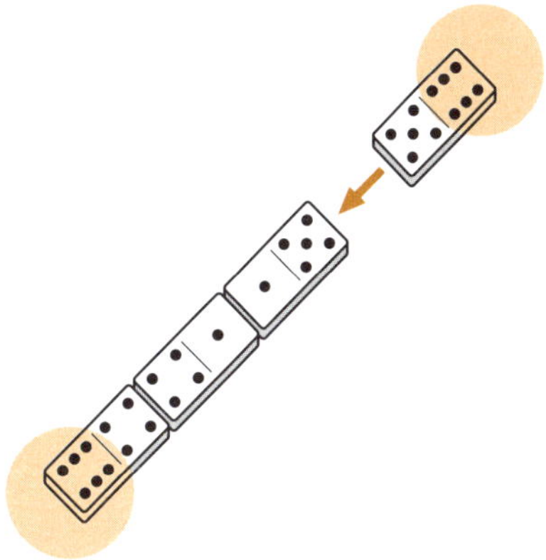

Wenn ein Doppelstein dazu benutzt wird, gibt es sogar drei Punkte:

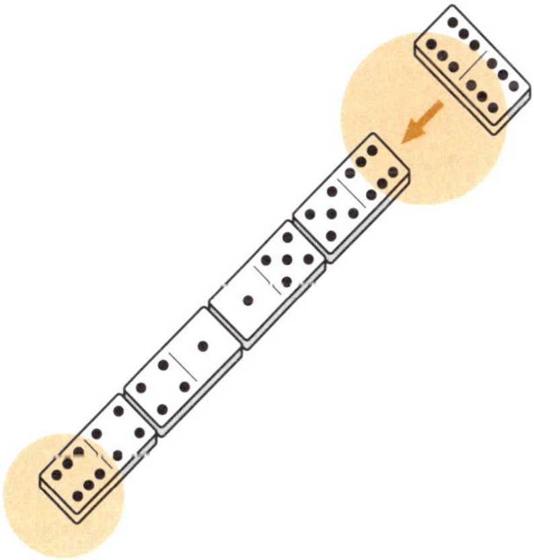

4. Der erste Spieler eröffnet mit einem Stein seiner Wahl. Eröffnet er mit einem Doppel, darf er sich auch dafür bereits zwei Punkte gutschreiben.
5. Wenn ein Spieler keine Steine mehr hat oder die freien Enden gesperrt sind, ist das

Spiel zu Ende. Es muss übrigens immer bedient werden. Man kann nicht freiwillig passen. Wer als erster Spieler alle Steine ablegen konnte, bekommt zwei Zusatzpunkte.

6. Endet die Runde gesperrt, so gewinnt gemeiner Weise der Spieler, der keinen Doppel oder zumindest die wenigsten Doppel auf der Hand hat. Dabei hält doch jeder Spieler seine Doppel so lange wie möglich, um mehr Punkte einheimsen zu können (siehe 3.)!

Haben zwei Spieler keinen oder gleich wenig Doppel, gewinnt der mit der niedrigsten Gesamt-Punktzahl bzw. dem niedrigsten Doppel. Der Gewinner eines gesperrten Spiels erhält nur einen Punkt.

7. Spielen die Spieler mehrere Runden, wird zuvor eine Punktzahl oder eine Zahl von Runden festgelegt.

Variante

Der Spieler, der einen Doppel ausgespielt hat, darf – wenn er kann und auch will – einen zweiten Stein ausspielen.

Muggins

- **Zahl der Spieler:** **zwei bis vier**
- **Schwierigkeitsgrad:** ●●●●●●○○○

Das amerikanische *Muggins* kann man einigermaßen deutlich mit Dummkopf übersetzen. Dieses Schmeichelwort wird denn auch ab und zu während des Spiels eingesetzt. Es ist aber trotz des Titels kein Spiel für Dummköpfe; die haben es hier nur besonders schwer.

In den Vereinigten Staaten erfreut sich dieses Spiel größter Beliebtheit. *Muggins* hat hier eine ganze Reihe weiterer Varianten hervorgebracht und gilt ganz einfach als das „normale“ Dominospiel.

1. Die Steine werden verdeckt gründlich gemischt. Danach ziehen sich die Spieler ihre Steine:

- bei zwei Spielern: je sieben Steine,
- bei drei Spielern: je sechs Steine,
- bei vier Spielern: je fünf Steine.

Die restlichen Steine bleiben als Vorrat.

2. Der Spieler mit dem höchsten Doppelstein beginnt und legt diesen in die Tischmitte. Hat keiner der Spieler einen Doppelstein, so muss der Spieler mit dem höchsten Wert einen Stein aus dem Vorrat ziehen. Reihum ziehen die Spieler nun so lange, bis ein Doppel ausgelegt werden kann.

3. An diesen Grundstein kann im folgenden Spiel kreuzförmig in vier Richtungen wahlweise angelegt werden. Die Steine müssen dabei auf den angrenzenden Feldern die gleiche Punktzahl aufweisen:

4. Spielziel ist es, seine Steine möglichst so anzulegen, dass dabei Punkte gesammelt werden können. Die bekommt man, wenn man einen Stein so platzieren kann, dass alle

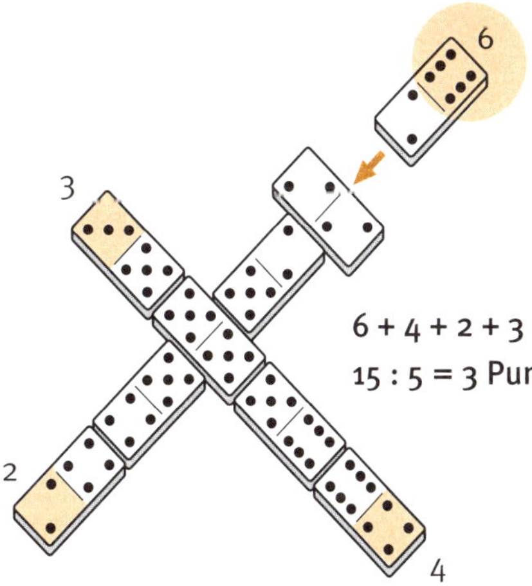

6 + 4 + 2 + 3 = 15

15 : 5 = 3 Punkte

freien Felder eines ausgelegten Bildes zusammengezählt eine durch fünf teilbare Zahl ergeben.

Muss das Spiel mit einer Doppel-Fünf als höchstem Stein eröffnet werden, so kann sich sein Besitzer dafür gleich zu Spielbeginn zwei Punkte gutschreiben.

5. Doppelsteine werden auch hier quer zur Linie gelegt. Dabei zählt die volle Punktzahl eines Doppelsteines. Dieses Ende des ausgelegten Bildes hätte damit sozusagen zwei freie Enden.

Im weiteren Spiel darf hier allerdings nur an die offene Seite des Doppels angelegt werden. Die beiden Felder des Doppels zählen dann nicht mehr als freie Felder, weder für das Anlegen noch für die weitere Zählung im Rahmen der Punktwertung (siehe Abbildung zu Punkt 3).

6. Falls ein Spieler einen anlegbaren Stein besitzt, muss er ihn auf jeden Fall ausspielen, auch wenn es ihm dabei nicht gelingen sollte, Punkte zu erzielen.

Wer keinen passenden Stein hat, muss bis zu zwei Steine aus dem Vorrat ziehen. Kann er auch dann noch nicht legen, setzt er aus.

7. Eine erreichte Punktzahl muss von dem Spieler selbst angekündigt werden.

Übersieht er etwas, können sich die Mitspieler einschalten. Wer hierbei zuerst „Muggins“ oder auf gut Deutsch „Dummkopf“ gerufen hat, darf sich die von dem anderen über-

sehene Punktzahl auf sein eigenes Konto setzen lassen.
Das Spiel ist dann beendet, wenn ein Spieler alle Steine abgelegt hat. Spielt man mehrere Runden, empfiehlt es sich, vorher eine Gesamtpunktzahl (etwa 61 Punkte) festzulegen. Hat ein Spieler diese Punktzahl überschritten, ist damit die letzte Runde eröffnet. Gewonnen hat, wer am Ende die höchste Punktzahl erreicht.

Varianten

Man kann *Muggins* mit der zusätzlichen Regel spielen, dass ein Spieler immer dann noch einen weiteren Zug machen darf, wenn er Punkte bekommen hat, auch wenn er einen Doppel legt. Hat er dann aber keinen passenden Stein, muss er so lange aus dem Vorrat ziehen, bis er anlegen kann oder bis der Vorrat erschöpft ist.
Weitere Varianten ergeben sich, wenn man statt der Fünf eine andere Zahl nimmt. Das Spiel läuft dann ganz anders, wenn die Enden etwa durch drei oder vier oder gar durch mehrere Werte gleichzeitig teilbar sein müssen, um Punkte zu bringen.

Das Fünfer-Spiel

- **Zahl der Spieler:** **zwei bis vier**
- **Schwierigkeitsgrad:** ●●●●●●○○○

Nur Anfänger im Dominospiel winken bei der Information ab, hier handele es sich um einen Spross aus der großen *Muggins*-Familie. Der Fortgeschrittene weiß bereits, dass gerade die Variation beim Domino den besonderen Reiz in das Spiel bringt.
In Amerika heißt das Spiel *Pete mit den sieben Zehen*. Wie es zu diesem merkwürdigen Namen kam, ist nicht ganz verständlich. Vielleicht kommt jemand beim Spielen darauf.
1. Der Spieler, der den Stein mit dem höchsten Wert aus dem verdeckten Haufen zieht, eröffnet das Spiel. Die Steine werden noch einmal gründlich gemischt. Danach ziehen sich die Spieler ihre Steine:
- bei zwei Spielern: je sieben Steine,
- bei drei Spielern: je sechs Steine,
- bei vier Spielern: je fünf Steine.

Die restlichen Steine verbleiben als Vorrat oder Talon.
2. Eröffnet wird entweder mit einem Doppel- oder mit einem Fünfer-Stein. Fünfer-Steine

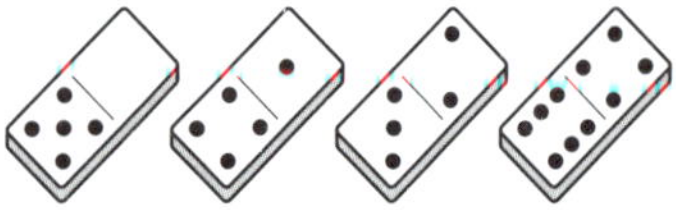

sind alle Dominosteine, die einen Gesamt-Punktwert von fünf oder zehn Augen haben. Kann der erste Spieler nicht eröffnen, weil er weder Doppel- noch Fünfer-Steine hat, so beginnt der nächste Spieler in der Runde.

3. Die Steine werden im folgenden Spiel kreuzförmig – vom Grundstein ausgehend – angelegt. Ein Stein kann an eines der freien Enden angelegt werden, wenn die angrenzenden Felder die gleiche Punktzahl aufweisen. Punktgewinn bei einem Spiel, das mit einem Fünfer-Stein eröffnet wurde:

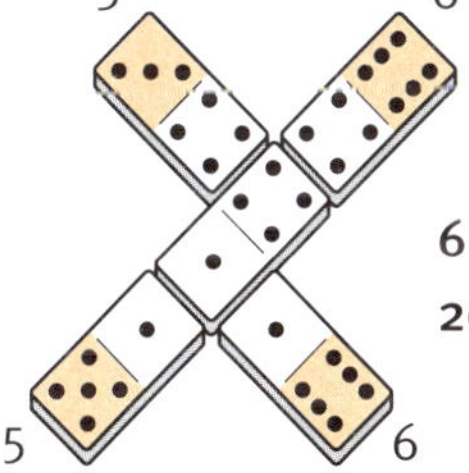

6 + 5 + 3 + 6 = 20
20 : 5 = 4 Punkte

Spielziel ist es dabei, Steine so anzulegen, dass die vier offenen Enden des ausgelegten Bildes eine Gesamtzahl ergeben, die durch fünf teilbar ist. Dabei zählen nur die freien Felder der jeweils außen liegenden Steine.

4. Doppelsteine werden quer zur Linie gelegt und zählen so lange mit der gesamten Augenzahl des ganzen Steines, wie der Doppel noch frei am Ende der Reihe liegt. Danach darf nur an die offene Seite eines Doppels und nicht an den freien Feldern weitergelegt werden.

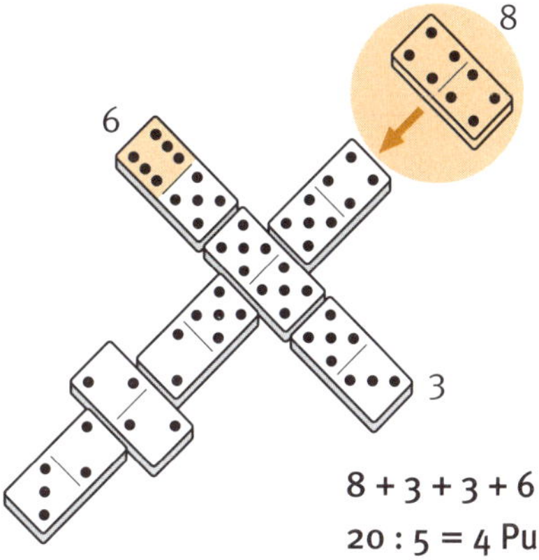

8 + 3 + 3 + 6 = 20
20 : 5 = 4 Punkte

5. Hat ein Spieler einen Doppel angelegt oder mit einem anderen Stein einen Punkt gewonnen, darf er gleich noch einmal anlegen, solange er dies kann. Kann er nicht legen, verzichtet er und muss auch nicht aus dem Vorrat ziehen.

6. Falls ein Spieler einen auslegbaren Stein hat, muss er ihn spielen, auch wenn er damit keine Punkte erzielen kann.

Wer keinen Stein mit passender Augenzahl hat, muss bis zu zwei Steine aus dem Vorrat ziehen. Kann er dabei immer noch nicht auslegen, muss er passen. Dann ist der nächste Spieler an der Reihe.

7. Das Spiel endet, wenn ein Spieler mit seinem letzten Stein keine Punkte erringen konnte. Er erhält dann die Gesamtpunktzahl aller Reststeine gutgeschrieben.

8. Konnte ein Spieler mit seinem letzten Stein dagegen noch einen Punkt erringen, geht die

Runde noch weiter, und dieser Spieler muss dann, wenn das Spiel wieder an ihn kommt, noch einen Stein aus dem Vorrat ziehen.

9. Werden mehrere Runden gespielt, so vereinbart man zu Beginn, ab welcher Punktzahl die letzte Runde beginnen soll.

Zahltag

- Zahl der Spieler: zwei bis sechs
- Schwierigkeitsgrad: ●●●○○○○○○

Zahltag trainiert spielerisch das Kopfrechnen. Dieser Hinweis ist aber nicht abschreckend gemeint, das Spiel macht vielmehr großen Spaß. Allerdings wird hier nicht mehr treu und brav Augenzahl an Augenzahl gelegt. Jeder Spieler darf jeden beliebigen Stein seiner Sammlung anlegen, der ihm innerhalb seiner Strategie nützlich erscheint.

1. Die 28 Steine eines Dominosatzes werden verdeckt gemischt. Die Spieler teilen die Steine unter sich auf. Restliche Steine werden zur Seite gelegt und nicht verwendet.

2. Dann werden einige Zahlen zwischen 50 und 186 vereinbart und für alle sichtbar notiert, etwa 58, 83, 118, 132, 163 und 179.

3. Spielziel ist es, im folgenden Spiel diese vorher festgelegten Zahlen genau zu treffen, bzw. den Gegenspieler am Treffen zu hindern.

4. Der Spieler mit dem höchsten Doppelstein eröffnet das Spiel. An diesen Doppel kann nun jeder beliebige Stein angelegt werden. Der jeweils anlegende Spieler zählt den Wert seines ausgelegten Steins zum Gesamtwert der schon liegenden Reihe dazu und teilt dem nächsten Spieler den neuesten Stand der Summe mit.

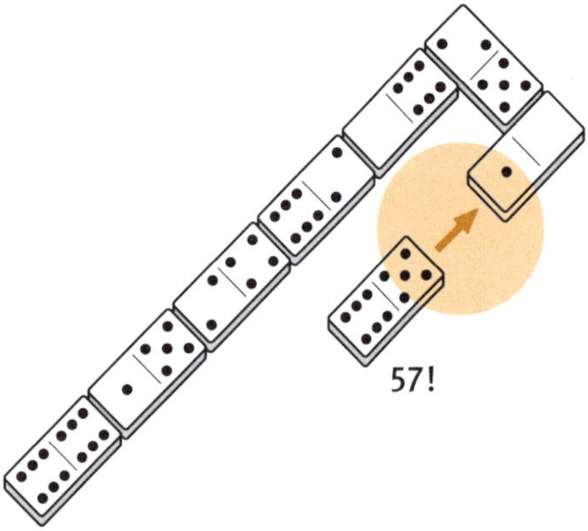

5. Wenn einer der „Zahltage" näher rückt, wie in unserem Beispiel die 58, wird es spannend. Wer ihn nämlich mit seinem Stein genau erreicht, erhält die entsprechende Punktzahl oder eine andere dafür festgelegte Prämie. Wer ihn aber überspringen muss, kassiert dafür 30 Strafpunkte.

6. Bei diesem Spiel sind vor allem die kleinen Augenzahlen entscheidend, denn damit kann man sich am besten „anschleichen". Hat man zum Schluss nur „Dicke" in seiner Truppe, werden die Mitspieler immer fröhlicher.

Alles oder Nichts

- Zahl der Spieler: drei oder vier
- Schwierigkeitsgrad: ●●●●●●●●○

Nur wenige Spiele erhielten im vorigen Jahrhundert die höheren Kaffeehaus-Weihen. Dominosteine etwa durften dort in besseren Kreisen durchaus benutzt werden. Mit Spielkarten sah das schon anders aus. Aber Spieler sind schon immer erfinderische Leute gewesen. Sie übertrugen ganz einfach eine Reihe von Kartenspielen auf die gepunkteten Steine – und schon konnten sie ganz unauffällig und in aller Öffentlichkeit so manches als lasterhaft verpönte (Karten-)Spielchen betreiben.

Ein Quäntchen *Whist*, ein Quäntchen *Bloody Mary*: *Alles oder Nichts* enthält Elemente beider Spiele.

1. Die Spieler ziehen aus dem verdeckten Haufen je einen Stein. Der Spieler mit dem höchsten Gesamtpunktwert eröffnet später das Spiel.

2. Bei drei Spielern spielt jeder für sich, bei vier Spielern können die gegenübersitzenden im Team spielen. Sie müssen es aber nicht.

3. Die Spieler ziehen sich aus dem gemischten Haufen ihre Steine:

- bei vier Spielern: je sieben Steine,
- bei drei Spielern: je neun Steine.

Bei drei Spielern bleibt ein Stein zurück. Er wird dem Spieler gehören, der den ersten Stich macht.

4. Spielziel ist es, sein Punktekonto so niedrig wie möglich zu halten. Das erreicht man entweder dadurch, dass man so wenig „zählende Steine“ übernimmt als möglich oder aber dadurch, dass man sie alle nimmt.

5. „Zählende Steine“ sind alle sieben Steine in der Dreier-Reihe. Sie zählen jeweils einen Punkt.

je 1 Punkt

„Zählender Stein“ ist darüber hinaus auch der Doppel-Blank, der ganze vier Punkte zählt.

4 Punkte

6. Die Spieler schauen sich die Steine an, die sie gezogen haben. Jeder wählt drei Steine aus und schiebt sie dem Spieler zur Linken zu. Diese Steine werden aufgenommen, wenn zuvor jeder seine drei Steine weitergegeben hat.

7. Ist dieses Verfahren beendet, eröffnet der erste Spieler mit irgendeinem Stein seiner

Wahl und erklärt einen der beiden Werte zur „Farbe“.
Beginnt er mit einem Doppel, kann er wählen zwischen dem Wert des Doppels oder Doppel überhaupt als Trumpf.

Wahl zwischen der 4 oder 5 als Trumpf

8. Wenn sie dazu in der Lage sind, müssen die Spieler diesen Trumpf bedienen. Sonst legen sie irgendeinen Stein ab.
9. Haben alle Spieler ihren Stein ausgespielt, gehört der Stich dem Spieler, der den höchsten Trumpf-Stein ausgespielt hat.
Der Doppelstein einer „Farbe“ ist der höchste Stein, die übrigen folgen in absteigender Sequenz. Die Trumpf-Folge bei der Fünf sähe etwa so aus:

10. Der Spieler, der den Stich gemacht hat, legt ihn verdeckt beiseite. Der Stich darf bis zum Spielende nicht mehr eingesehen werden. Im Spiel zu dritt nimmt er anschließend den übrig gebliebenen Stein (siehe 3.) zu seinem Stich, ebenfalls verdeckt.
Dann spielt er wieder einen Stein seiner Wahl aus.
11. Nach dem letzten Stich werden die Punkte berechnet:
Hat ein Spieler alle „zählenden Steine“ in seinen Besitz bringen können, erhält jeder Gegenspieler 22 Punkte angerechnet.
Konnte kein Spieler und kein Team alle Zählsteine an sich bringen, bekommen alle so viele Punkte aufgeschrieben, wie sie Zählsteine unter ihren Stichen haben.
12. Die nächste Runde eröffnet immer der Spieler, der das dickste Konto hat. Er kann sein Recht zur Eröffnung auch an seinen linken Nachbarn abgeben, der dann allerdings ausspielen muss.
13. Die letzte Runde beginnt, wenn einer der Spieler die 101-Punkte-Grenze überschreitet. Gewinner ist am Schluss das Team, welches die wenigsten Punkte hat.

Hüben und Drüben

- **Zahl der Spieler:** zwei
- **Schwierigkeitsgrad:** ●○○○○○○○○

Der Verdacht, dass diese Dominovariante einer sehr bekannten *Patience* nachempfunden wurde, lässt sich kaum von der Hand weisen. *Hüben und Drüben* ist eine reizvolle Fingerübung für Dominospieler. Man kann es gerade mal ein bisschen zur Entspannung spielen, einfach so zwischendurch.

1. Der Spieler, der aus dem verdeckten Haufen den Stein mit dem höchsten Wert herausgezogen hat, eröffnet das Spiel.
2. Alle Steine werden noch einmal gründlich durchgemischt. Die Spieler teilen sich die Steine auf, jeder zieht also 14 Steine.
3. Die Spieler schauen sich ihre Steine nicht an, sondern legen sie verdeckt in eine Reihe und nehmen in dem folgenden Spiel immer von rechts einen Stein auf.
4. Spielziel ist es, möglichst als erster Spieler alle 14 Steine abzulegen. Jeder Spieler legt – das ist das Besondere an diesem Spiel – eine eigene Reihe aus.
5. Zur Eröffnung legt jeder Spieler einen Stein aus. Im Folgenden deckt der Spieler, der an der Reihe ist, jeweils einen Stein auf.
Passt er an die eigene Reihe, wird er dort angelegt.
Passt er nicht, darf er auch an die gegnerische Schlange angelegt werden.
6. Ein Stein, der weder an die eigene noch an die gegnerische Reihe passt, wird offen zur Seite gelegt. Er muss sofort eingesetzt werden, falls dies im Spielverlauf möglich wird. In diesem Fall darf kein Stein aus dem Vorrat aufgedeckt werden!
7. Ein Stein darf angelegt werden, wenn die beiden angrenzenden Felder die gleiche Augenzahl haben.

8. Das Spiel endet, wenn ein Spieler seinen letzten Stein angelegt hat.
9. Der Gewinner bekommt die Gesamtpunktzahl der restlichen Steine seines Mitspielers als Pluspunkte notiert.

Werden mehrere Runden gespielt, wird vorher ein Punktelimit vereinbart. Die Spieleröffnung wechselt dann ab.

Bingo

- Zahl der Spieler: zwei
- Schwierigkeitsgrad: ●●●●●●●○○

Im 19. Jahrhundert galt *Bingo* als König unter den Dominospielen. Mit dem heute unter diesem Namen bekannten Glücksspiel hat es allerdings ganz und gar nichts zu tun. *Bingo* ist schlicht die Übertragung eines alten viktorianischen Kartenspiels auf die Dominosteine. Die Spielregeln erscheinen auf den ersten Blick etwas umfangreich. Sie sind aber leicht zu bewältigen und man ist schnell im Spiel.

1. Die beiden Spieler ziehen aus dem verdeckten Haufen je einen Stein. Wer den höchsten Wert gezogen hat, eröffnet das Spiel.

2. Alle Steine werden neu gemischt. Jeder Spieler zieht sich sieben Steine. Die restlichen 14 Steine verbleiben verdeckt als Vorrat.

3. Der zweite Spieler zieht nun einen Stein aus dem Vorrat und deckt ihn auf. Der erste Spieler wählt eines der beiden freien Felder zum „Trumpf". Wird ein Doppel aufgedeckt, ist ihm die Wahl bereits abgenommen: Der Einzelwert eines Doppelfeldes ist Trumpf.

Wahl zwischen 3 und 4 als Trumpf.

5 ist Trumpf.

4. Spielziel ist es, Punkte zu sammeln und wie beim Kartenspiel Stiche zu machen. Die Dominosteine werden dabei auch wie Karten ausgespielt und nicht – wie beim gewöhnlichen Domino – in Reihe ausgelegt.

5. Der erste Spieler eröffnet das Spiel, indem er irgendeinen Stein seiner Wahl auf den Tisch legt. Der zweite Spieler spielt ebenfalls einen Stein seiner Wahl aus.

6. Spielt er einen Stein nach, der an den ersten Stein Feld an Feld (bei gleicher Augenzahl auf den angrenzenden Feldern!) angelegt werden könnte, gehört der Stich dem Spieler mit der höheren Augenzahl auf den freien Feldern:

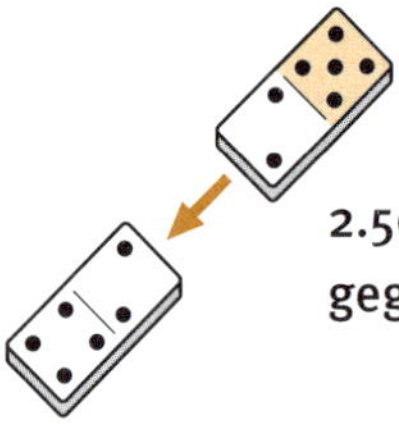

2.5er-Stein gewinnt gegen 2.4er-Stein

7. Spielt der zweite Spieler einen Trumpfstein aus, so schlägt ein Trumpfstein immer einen Nicht-Trumpf, ein höherer Trumpf immer einen niedrigeren.

8. Wird aber ein *Bingo* ausgespielt, schlägt dieser als der höchste Trumpf im Spiel alles. *Bingo* nennt man in diesem Spiel den Doppel-Blank.

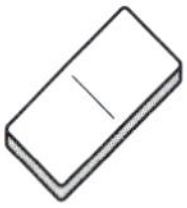

Bingo

9. Legt der zweite Spieler weder einen Stein gleicher Augenzahl, noch einen Trumpf oder *Bingo* aus, so gehört der Stich dem ersten Spieler. Wer den Stich bekommen hat, dreht ihn um und legt ihn zur Seite.

10. Nach einem Stich ziehen beide Spieler jedes Mal einen neuen Stein aus dem Vorrat, solange dort noch Steine sind.

Der Spieler, der den Stich gemacht hat, spielt neu aus.

11. Wird dabei ein Doppel aufgespielt, kann der Aufspielende seinem Mitspieler zeigen, dass er noch einen zweiten Doppel in der Hand hat. Bekommt er in diesem Fall den Stich, so kann er sich sofort drei Pluspunkte gutschreiben. Das kann er so lange wiederholen, wie er genügend Doppel auf der Hand hat. Verliert er allerdings seinen Doppel, so bekommt er nichts und der andere Spieler beginnt mit dem Aufspiel.

12. Sind nur noch zwei Steine im Vorrat, so bekommt der zweite Spieler den Trumpfstein, den er zu Beginn aufgedeckt hat.

Von diesem Moment an darf man nicht mehr irgendeinen Stein nachspielen: Man muss entweder einen Stein mit einem passenden Ende oder einen Trumpf oder einen *Bingo* anlegen, so man hat. Nur wenn man keine dieser drei Möglichkeiten auf der Hand hat, darf man einen beliebigen Stein abwerfen.

13. Nach dem 14. Stich ist die Runde beendet und es wird abgerechnet:

- *Bingo* zählt 14 Punkte,
- Trumpf-Doppel: Gesamtzahl der Augen,
- übrige Doppel zählen je drei Punkte,
- Trümpfe zählen entsprechend der Augenzahl des zweiten Feldes.

Die übrigen Steine zählen nichts.

14. Die letzte Runde beginnt, wenn ein Spieler 66 Punkte erlangt hat. Am Ende dieser Runde gewinnt der Spieler mit der höchsten Punktzahl.

Domino-Bridge

- Zahl der Spieler: vier
- Schwierigkeitsgrad: ●●●●●●●●●

Ausgefuchste Bridgespieler höheren Grades werden hier nur die Nase rümpfen. Sie lassen sich damit aber ein überaus reizvolles Spiel entgehen und man müsste sie deswegen eigentlich bedauern.

Und wer bisher nur das alt gewohnte Kinderspiel Domino kennt, dem wird es schier den Atem verschlagen, was hier an Raffinesse und Spielwitz aus den 28 Steinen herausgeholt wurde.

1. Wie bei dem beliebten Spiel *Bridge* wird in zwei Teams gespielt: Jeweils die beiden gegenübersitzenden Spieler spielen zusammen.

2. Zunächst wird der erste Spieler ermittelt: Wer aus dem Haufen verdeckter Steine den höchsten Gesamtwert zieht, darf das Spiel eröffnen.

3. Die Steine werden erneut gemischt. Die Spieler ziehen sich je sieben Steine, die sie ordnen und so aufstellen, dass sie von den Mitspielern nicht eingesehen werden können.

4. Auch bei *Domino-Bridge* ist es Spielziel, Stiche zu machen. Ähnlich dem Reizen beim *Skat* oder dem Bieten beim *Bridge* geben die Spieler vor der Eröffnung des Spiels ein Gebot ab: Sie sagen an, wie viele Punkte sie

glauben, in diesem Spiel machen zu können.
5. Die Höchstzahl der erreichbaren Punkte in jeder Runde beträgt 42 Punkte; daher heißt das Spiel in England auch *Forty-Twos*.
Jeder Stich bringt einen Punkt, sieben Stiche sind in jedem Spiel möglich. Ein Sonderstein im Stich bringt fünf bzw. zehn Punkte. Fünf Sondersteine sind im Spiel. Das sind zunächst alle Steine mit dem Gesamtpunktwert fünf:

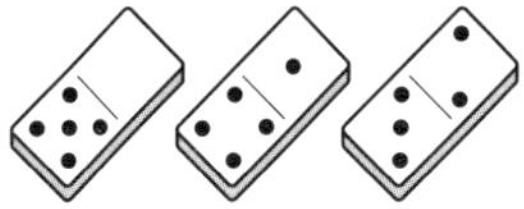

Sondersteine

Die beiden Steine mit der Gesamtaugenzahl zehn bringen sogar je zehn Punkte ein:

Sondersteine

6. Haben alle Spieler ihre Steine genau geprüft, macht der erste Spieler ein Gebot: Er sagt also an, wie viele Punkte er und sein Partner nach seiner Schätzung zusammenbringen können. Dabei sind 30 Punkte das erforderliche Mindestgebot. Der erste Spieler kann natürlich auch passen. Dann macht der Mitspieler zur Linken das erste Gebot. Passt auch er, dann folgt der nächste und so weiter. Will kein Spieler ein Gebot machen, wird neu gemischt und neu gezogen.
7. Hat der erste Spieler ein Gebot gemacht, kann der zweite ihn überbieten. Auch alle weiteren Spieler können ebenfalls bieten oder sich gegen das Bieten entscheiden, indem sie sagen: „Kein Gebot“.
8. Das Bieten läuft so lange, bis entweder drei Spieler hintereinander auf ein Gebot verzichtet haben oder bis ein Spieler die Zahl 42 geboten hat.
9. Hat jemand 42 geboten, kann der nächste Spieler ansagen: „Doppelt“. Dies bedeutet: Das Ergebnis des Spiels wird in der Abrechnung verdoppelt, wer auch immer gewinnt. Ein „Zurück“ des Bieters zieht eine Vervierfachung nach sich.
10. Ist das Bieten abgeschlossen, wählt der Spieler, der das erste Gebot abgegeben hat, den Trumpf für die Runde: eine Zahl als „Farbe“ oder alle „Doppel“. Oder er erklärt: „Keine Trümpfe!“. In diesem Fall spielt er den ersten Stein aus.
11. Sind Trümpfe bestimmt worden, werden die Trumpfsteine die stärksten Steine im Spiel, beginnend bei dem jeweiligen Doppel und dann in der Folge abfallend.
Werden die Doppel zu Trümpfen, so ist natürlich der Doppel-Sechser der höchste Trumpf. Es folgen die übrigen Steine in abfallender Reihenfolge.

Beispiel mit der Drei als Trumpf:

Der Partner des ersten Spielers hat den ausgespielten Sonderstein 2.3 mit dem zweithöchsten Trumpf abgesichert und den Stich gemacht. Er spielt neu aus:

12. Ein trumpfloses Spiel bedeutet: Die höhere Augenzahl des ersten ausgespielten Steines ist Trumpf für diese Runde. Der entsprechende Doppel dieser Zahl ist der höchste Trumpf, gefolgt von den übrigen Steinen dieser Farbe in abfallender Reihenfolge.
13. Im Spiel muss die ausgespielte Farbe bedient werden. Kann ein Spieler nicht „bekennen“, darf er irgendeinen Stein seiner Wahl abwerfen.
14. Den Stich bekommt, wer den höchsten Trumpf ausgespielt hat. Er spielt dann auch den nächsten Stein aus. Ist das kein Trumpf, so müssen die Spieler dann auch die Farbe bedienen.
Können sie das nicht, so dürfen sie irgendeinen Stein „abwerfen“ oder mit einem Trumpf „stechen“. Den Stich macht in jedem Fall, wer entweder den höchsten Stein oder den höchsten Trumpfstein ausgespielt hat.

Die Gegenpartei will das Spiel an sich ziehen und steigt auf den kleinen Wert hoch ein. Sie kann den Stich übernehmen, da der vierte Spieler keinen Zweier hat und deshalb mit einem Trumpf überstechen kann.
15. Bei einem Stich werden alle vier Steine verdeckt für die Abrechnung beiseite gelegt. Ein abgelegter Stich darf während des Spiels nicht mehr angeschaut werden.
16. Die Runde ist beendet, wenn alle sieben Stiche gemacht wurden und die Abrechnung beginnt. Haben der Spieler und sein Partner mit dem höchsten Gebot ihre angesagte Punktzahl erreicht, bekommen sie für jeden erreichten Stich einen Punkt. Hinzu kommen die entsprechenden Punkte für die vereinnahmten Zählsteine.

Die Gegenspieler zählen ebenfalls einen Punkt für jeden Stich und dazu die Punkte für die eingefangenen Zählsteine.
Bleiben der Spieler oder das Team mit dem höchsten Gebot unter dieser Punktzahl, bekommen sie nichts. Die Gegenspieler erhalten sowohl die Punkte des Gebots als auch die Punkte, die sie mit ihren Stichen und den Zählsteinen erlangt haben.
17. Am Ende jeder Runde werden die Steine neu gemischt: Das Spiel beginnt von vorne. Das Recht zum ersten Gebot wandert jeweils nach links zum nächsten Spieler.
18. Das Spiel geht in die letzte Runde, wenn ein Team die 250-Punkte-Grenze überschritten hat. Am Ende dieser Runde ist das Team Sieger, welches insgesamt die höchste Punktzahl erlangt hat.

Domino-Memory

- Zahl der Spieler: ab zwei
- Schwierigkeitsgrad: ●●●●●○○○○

Es soll ja Spieler geben, die es ganz und gar nicht leiden können, wenn ihr löchriges Gedächtnis derart strapaziert wird. Die Nachricht, dass man Domino auch als Memory und *Memory* auch mit Dominosteinen spielen kann, wird sie kaum in freudige Überraschung versetzen.

Domino-Memory ist nichts für Denkmuffel, sondern eher etwas für Spieler, die eine ausgesprochene Schwäche für Hirn-Gymnastik haben. Die aber kommen hier voll auf ihre Kosten.
1. *Domino-Memory* beruht auf der Beobachtung, dass alle 28 Steine eines Dominospiels in Pärchen mit dem Gesamtpunktwert zwölf verwandelt werden können. Genau 34 verschiedene Kombinationen sind dabei möglich. Das lässt sich leicht nachprüfen.
2. Spielziel ist es, genau wie bei *Memory*, möglichst viele Steine einzuheimsen. Gelingt es also einem Spieler, zwei Steine aufzudecken, die zusammen die Punktzahl zwölf ergeben, so darf er diese Steine behalten.

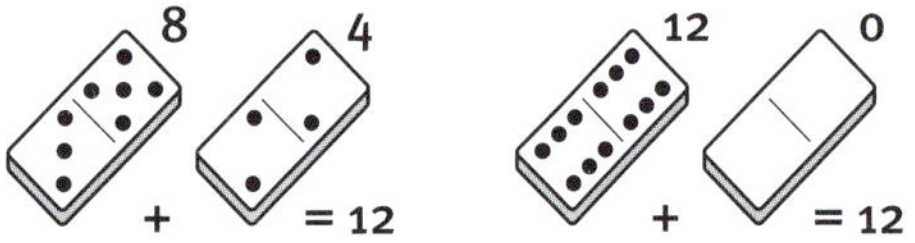

3. Der Spieler, der den Stein mit dem höchsten Wert aus dem verdeckten Haufen gezogen hat, eröffnet das Spiel. Die Steine werden noch einmal gründlich gemischt und bleiben in der Tischmitte liegen.
4. Der erste Spieler deckt – für alle sichtbar – zwei Steine aus dem Haufen auf. Ergibt die Gesamtaugenzahl beider Steine zwölf, hat er Glück gehabt. Er nimmt die Steine an sich und legt sie verdeckt ab. Er darf dann gleich noch einmal zwei Steine aufdecken.

5. Ergibt die Gesamtzahl nicht zwölf, so merken sich alle Spieler die Werte der beiden Steine und auch deren Lage im Haufen, wenn sie wieder umgedreht worden sind. Der nächste Spieler ist an der Reihe. Je mehr Steine nun im weiteren Spiel aufgedeckt werden, desto wichtiger wird es sein, deren Werte über ein gutes Gedächtnis verfügbar zu halten.
6. Das Spiel geht im Uhrzeigersinn weiter und ist zu Ende, wenn alle Steine aufgedeckt und zu passenden Paaren zusammengefügt worden sind. Der Spieler mit den meisten Pärchen ist Gewinner dieser Runde.
Spielt man mehrere Runden, so wird jedem Spieler ganz einfach für jedes Pärchen ein Punkt gutgeschrieben. Nach zehn Runden kann man dem besten Spieler nicht nur spaßeshalber ein Spitzenhirn bescheinigen.

Canton

- **Zahl der Spieler:** zwei bis vier
- **Schwierigkeitsgrad:** ● ● ● ● ● ● ● ● ○

China soll ja das Heimatland des Dominospiels sein. Engländer lernten dort das Spiel *Ts'ung shap* kennen und übertrugen es auf das europäische Domino.
Ts'ung shap heißt auf Deutsch so viel wie Zehner-Streit. Bei uns ist allerdings mehr ein Zwölfer-Streit daraus geworden. Das ist auf die unterschiedlichen Werte unserer Dominosteine zurückzuführen. *Canton* ist trotzdem ein höchst eigenwilliges und auf jeden Fall spannendes Spiel.
1. Es eröffnet der Spieler, der aus dem Haufen verdeckter Steine den höchsten Gesamtpunktwert gezogen hat.
2. Die Steine werden erneut gemischt. Dann ziehen sich die Spieler ihre Steine:
- bei zwei Spielern: je sieben Steine,
- bei drei Spielern: je sechs Steine,
- bei vier Spielern: je fünf Steine.

Die restlichen Steine verbleiben als Vorrat.
3. Die Spieler decken ihre Steine auf, ordnen sie und stellen sie anschließend so auf, dass sie von den Mitspielern nicht eingesehen werden können.
4. Spielziel ist es nun, wie bei einem Kartenspiel, Stiche zu machen. Es gewinnt der Spieler mit dem höchsten Punkte-Konto.
5. Mindestens zwei Steine müssen bereits auf dem Tisch liegen, ehe überhaupt Punkte gemacht werden können.
Die ersten beiden Spieler spielen also je einen beliebigen Stein aus und ergänzen ihren Bestand, indem sie sich wieder je einen Stein aus dem Vorrat nehmen.
Auch die nächsten Spieler ergänzen nach jedem Ausspielen ihre Steine aus dem Vorrat.
6. Die erste Möglichkeit, Punkte zu machen, liegt für den dritten Spieler darin, einen Stein an einem der beiden Enden einer Reihe so

anzulegen, dass die beiden angrenzenden Steine anschließend die Zahl zwölf ergeben:

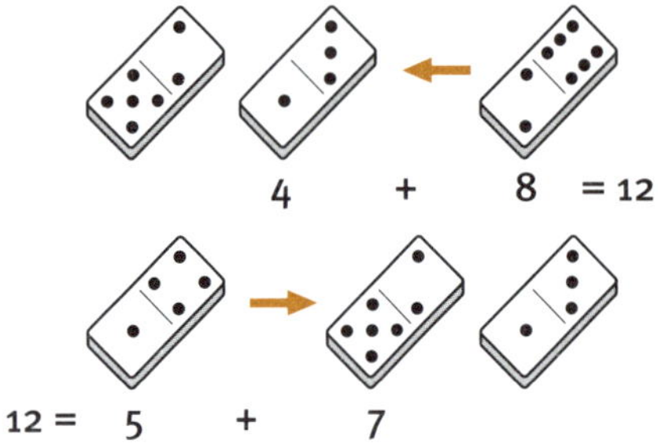

Der Spieler nimmt die beiden Steine, die zusammen eine zwölf ergeben haben, verdeckt an sich. Die Steine dieses Stiches dürfen bis zum Schluss nicht mehr angeschaut werden.

7. Die zweite Möglichkeit, Punkte zu machen, tritt dann ein, wenn ein angelegter Stein mit zwei Steinen der bereits ausliegenden Reihe zusammen zehn, 20 oder 30 Augen erbringt. Das können zum Beispiel zwei nebeneinander liegende Steine an einem der beiden Enden einer Reihe sein:

Das können aber auch die beiden Endsteine einer Reihe sein, wie das folgende Beispiel zeigt. Wieder werden die drei Steine, die eine solche Summe ergeben haben, von dem Spieler einkassiert.

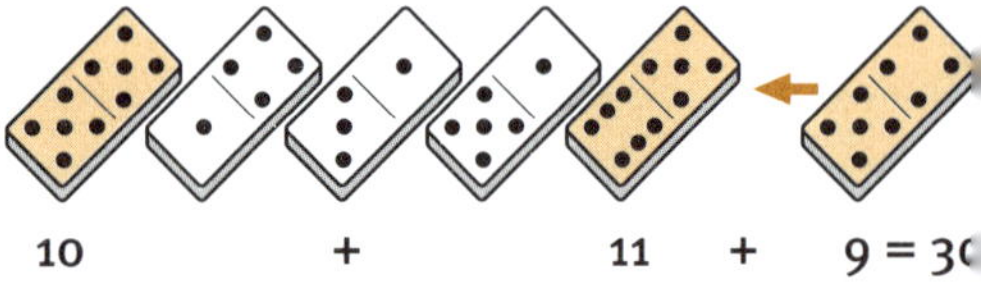

8. Im Spiel versucht natürlich jeder, eine möglichst hohe Punktzahl zu erreichen. Zuweilen ist es ratsam, auf eine leicht zu erreichende zwölf zu verzichten. Aber nicht immer geht eine solche Rechnung auf.

9. Es empfiehlt sich, die erreichte Punktzahl immer sofort gutzuschreiben, sonst gerät leicht etwas in Vergessenheit.

Der Spieler, der einen Stich gemacht hat, bleibt im Aufspiel.

10. Eine Runde endet, sobald ein Spieler alle seine Steine ausgespielt hat. Dieser Spieler darf sich dann noch die Gesamtzahl aller Punkte auf den Reststeinen seiner Mitspieler gutschreiben, ehe eine neue Runde eröffnet wird.

11. Das Spiel kommt in die Endphase, wenn ein Spieler eine vorher vereinbarte Punktzahl (400 oder 500 oder 1000 Punkte) erreicht hat. Sobald diese Punktzahl erreicht ist, beginnt die letzte Runde. Es gewinnt, wer am Schluss die höchste Punktzahl hat.

Jackpot

- Zahl der Spieler: ab zwei
- Schwierigkeitsgrad: ●●●●●●●○○

Jackpot mit Dominosteinen? Das glaubt ja wohl kein Mensch. Und das Ganze soll auch noch mächtig Spaß machen? Das kann doch nicht wahr sein! Aber es geht tatsächlich. Man kann *17 und 4*, wie es bei uns heißt, durchaus damit spielen.

Mit großem Raffinement wurde das amerikanische Nationalspiel auf die gepunkteten Steine übertragen. Das muss man einfach mal probiert haben! Außer dem Sechser-Set benötigt man Chips als Spielgeld.

1. Einer der Spieler wird zum Banker gewählt, die übrigen spielen gegen die Bank. Nach jeder Runde wechselt die Bank an den nächsten Spieler zur Linken, so dass jeder einmal die Chance bzw. das Risiko hat.

2. Die Steine werden gründlich gemischt. Alle Spieler ziehen anschließend zwei Steine, also auch der Banker. Allerdings dürfen sich nur die Spieler ihre Steine gleich anschauen. Die des Bankers bleiben zunächst einmal verdeckt vor ihm liegen.

3. Jeder spielt für sich selbst und gegen die Bank. Spielziel ist es, bessere Steine auf die Hand zu bekommen als der Banker. Das beste Ergebnis sind 21 Punkte. Gerät jemand darüber, hat er seinen Einsatz verloren. Wer weniger als der Banker hat, verliert ebenfalls. Auch wer gleich viele Punkte wie der Banker hat, verliert, – es sei denn die Zahl 21 wird mit zwei Steinen und dem Doppel-Blank erreicht.

4. Ehe das Spiel eröffnet wird, muss man die Werte der Steine kennen. Jeder Stein hat den Wert der Gesamtaugenzahl.

Zum Beispiel:

= 8

= 4

= 6

= 10

5. Die sieben Steine mit einem Blankfeld haben alternative Werte. Ein blankes Feld kann wahlweise nach dem Willen des Spielers mit sieben oder mit null Punkten gezählt werden.

Zum Beispiel:

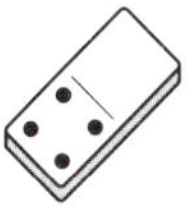
= 4 oder 11 Punkte

6. Der Doppel-Blank ist der vielseitigste Stein. Er kann entweder mit null oder mit sieben oder mit 14 Punkten gezählt werden.

= 0 oder 7 oder 14 Punkte

7. Aber auch die sechs anderen Doppel haben alternative Werte. Sie zählen wahlweise nach der Gesamtzahl der Augen des Steines oder auch nur nach der Zahl eines Feldes.

Zum Beispiel:

= 6 oder 3 Punkte

8. Wenn alle Spieler zwei Steine gezogen haben, legen sie zwei Chips (für jeden Stein einen) vor sich hin. Der Banker kauft natürlich keine Steine, er hält ja die Bank.

9. Der links vom Banker sitzende Spieler erklärt, ob er noch einen oder mehrere Steine kaufen will (pro Stein einen Chip) oder ob er lieber passt.

Fühlt er sich nahe genug an der 21, passt er. Sonst aber legt er für jeden Stein einen Chip zu seinem Einsatz.

10. Kommt ein Spieler beim Kaufen über die 21-Punkte-Grenze, so sagt er: „Tot!" Er verliert sofort seinen vor ihm liegenden Einsatz und ist für diese Runde aus dem Spiel.

11. Haben alle Spieler fertig gekauft oder gepasst, muss der Banker spielen.

Jetzt deckt er seine Steine auf und entscheidet, ob er noch einen Stein oder noch weitere ziehen oder mit der aufgedeckten Zahl in das Stechen gehen will. Kommt er dabei über die 21, muss er alle Spieler auszahlen, die noch im Spiel sind.

12. Bleibt der Banker unter 21, so muss er an alle Spieler auszahlen, die nicht „tot" sind und mehr Augen als die Bank haben.

13. Gewinnt die Bank, nimmt sie sich einfach den Einsatz des Spielers. Gewinnt ein Spieler, zahlt die Bank nach folgendem Schema:

- bei zwei Chips Einsatz: vier Chips,
- bei drei Chips Einsatz: neun Chips,
- bei vier Chips Einsatz: 16 Chips,
- bei fünf Chips Einsatz: 25 Chips,
- bei sechs Chips Einsatz: 36 Chips,
- bei sieben Chips Einsatz: 49 Chips,
- bei acht Chips Einsatz: 64 Chips,
- bei neun Chips Einsatz: 81 Chips.

Mehr als neun Chips Einsatz ist nicht möglich, da man auf keinen Fall ungestraft mehr als neun Steine ziehen kann.

Übrigens gibt es nur vier Möglichkeiten, einen Neuner-Einsatz zu erreichen. Die Chancen dazu sind äußerst gering.

14. Wenn der Banker bzw. die Spieler die Auszahlungen beendet haben, werden die Steine neu gemischt. Der nächste Spieler übernimmt die Bank.

Räuberdomino

- Zahl der Spieler: zwei
- Schwierigkeitsgrad: ●●●○○○○○○

Die Dominosteine repräsentieren alle Würfe, die mit zwei Würfeln möglich sind. Was lag bei der Erfindung dieses Spiels näher als der Versuch, zu den Ursprüngen zurückzukehren? Entstanden ist dabei ein Spiel, für das man frei bewegliche Würfel und Dominosteine braucht: eine hübsche Würfel-Keilerei um die Steine eines Dominosets, die auf beiden Feldern Augen haben.

1. Beim *Räuberdomino* werden die sieben Nullsteine aussortiert. Man spielt mit 21 Dominosteinen und zwei Würfeln.
2. Die Steine liegen offen in der Mitte des Tisches. Die beiden Spieler würfeln abwechselnd mit den beiden Würfeln und fischen sich die Steine heraus, die dem Wurf entsprechen:

3. Mit diesen erwürfelten Steinen versuchen sie nun, wie gewohnt, aber jeder hübsch für sich, eine Kette zu bilden: Jeder Wert wird an den gleichen Wert Feld an Feld angelegt.
4. Kann ein Spieler einen Stein nicht an seine Kette anlegen, so legt er ihn daneben. Der Stein darf aber später sofort eingebaut werden, wenn sich im weiteren Spiel eine Gelegenheit dazu ergibt.
5. Spielziel ist es natürlich, zu räubern. Würfelt also ein Spieler eine Zahlenkombination, die bereits aufgenommen ist, so kann man diesen Stein beim Gegenspieler rauben.
6. Rauben kann man alle Steine, die an den Enden einer Kette oder auf der Reservebank liegen. Geraubt wird auf jeden Fall, auch wenn man den Stein nicht sofort verwenden kann. Man rafft hier sozusagen auf Vorrat.
7. Sind alle Steine des Vorrats aufgebraucht, wird nicht mehr gewürfelt, aber munter weitergeraubt.

Jeder versucht nun, die eigene Kette so abzuschließen, dass keine Reststeine mehr übrig bleiben. Zur Verfügung stehen dazu nicht nur die eigenen zur Seite gelegten Steine, sondern auch die des Gegenspielers sowie dessen Endsteine in der Kette.

8. Wer am fixesten auf diese Weise seine Kette erweitern kann und keine Reststeine mehr hat, gewinnt.

Behalten beide Räuber Reststeine, so bestimmt die höhere Augenzahl bei diesen Reststeine den Verlierer.

(Die Regeln für Räuberdomino stammen aus dem Buch: Sperling, „Spiele, Spiele, Spiele“, Verlag J. Pfeiffer.)

Domino Retour

- Zahl der Spieler: zwei
- Schwierigkeitsgrad: ●●●●●●○○○

Domino Retour ist kein Spiel, das man auch nur entfernt als kommunikationsfördernd bezeichnen könnte – sieht man einmal von unterdrückten Murmellauten (und gedämpften Flüchen) ab.

Ein wenig Schreibarbeit zur Spielvorbereitung gehört allerdings dazu. Aber diese kleine Mühe lohnt sich. Tüftler kommen bei diesem Spiel voll auf ihre Kosten.

1. Falls ein zweites Dominospiel im Haus ist, kann die Vorbereitung von *Domino Retour* erheblich verkürzt werden, weil dann der zweite Spieler nicht zu warten braucht, bis der erste mit seinen Vorbereitungen fertig ist.

2. Die Spieler fügen die aufgedeckten 28 Dominosteine wahllos zu einem Rechteck zusammen, ohne dass dies von dem Mitspieler eingesehen werden kann. Die Steine stoßen also längs oder quer, aber lückenlos zusammen. Auf einem Blatt Papier (am besten Karopapier) notiert man anschließend die Werte der Steine, ohne dabei aber deren Umrisse einzuzeichnen.

Ein solches Diagramm ist rechts oben als Beispiel abgebildet.

4	3	4	2	6	3	0	2
3	6	1	0	6	5	3	3
5	4	6	2	1	6	1	2
4	6	2	3	5	5	3	1
5	1	4	1	2	0	4	4
6	1	6	0	2	4	5	2
0	0	5	1	0	5	3	0

3. Auf einem zweiten Bogen Papier zeichnet man nur die Lage der Steine ein.

Zum Beispiel so:

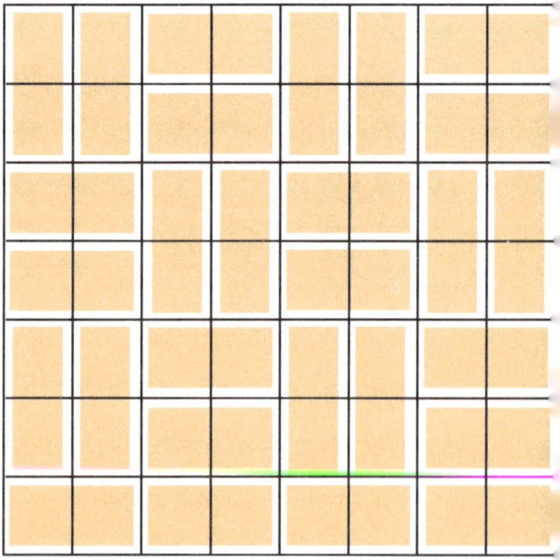

4. Beide Spieler stecken das gezeichnete Lage-Diagramm ein, ohne es dem Gegenspieler gezeigt zu haben.
Dann tauschen sie die mit den Werten der Steine versehenen Diagramme aus.
5. Ziel des Spiels ist es, in möglichst kurzer Zeit und mit möglichst großem Scharfsinn die vom Gegenspieler gewählte Lage der Dominosteine anhand der angegebenen Zahlen zu rekonstruieren.
Alle gesicherten Erkenntnisse können direkt als Umrahmung der Zahlen in das Diagramm gezeichnet werden.
6. Es empfiehlt sich natürlich, zunächst die Lage der Doppel zu ermitteln, soweit das im ersten Zugriff möglich ist.
Bei unserem Beispiel kommt man zunächst zu folgendem Ergebnis:

				6	3	0	2
				6	5	3	3
				5	5		
5	1			2	0	4	4
6	1			2	4		
0	0						

7. Die ermittelten Steine sind hier bereits mit ihrer Lage genau umrissen. Darüber hinaus sind erste Rückschlüsse mit geraden Strichen eingezeichnet.
8. Wer als Erster das Muster ermittelt hat, ist Gewinner des Spiels. Es kann übrigens durchaus sein, dass auch ein anderes Muster als das zuvor niedergeschriebene vorgelegt wird. Stellt es sich bei der Überprüfung als ebenfalls möglich und richtig heraus, wird es akzeptiert.
9. Es empfiehlt sich, zu Beginn nicht mit allen 28 Steinen zu spielen. Die Sache wird etwas überschaubarer, wenn man sich zunächst auf die zehn oder fünfzehn Steine vom Doppel-Blank bis zur Doppel-Drei oder Doppel-Vier beschränkt.

Dominokreuz

- Zahl der Spieler: vier
- Schwierigkeitsgrad: ●●○○○○○○○

Dieses Spiel dauert nur ein paar Minuten und ist auch ganz einfach. Jedenfalls zunächst. Wenn man ein paar Partien durchgespielt hat, merkt man, dass man zum Ende hin immer genauer abschätzen kann, was die Mitspieler noch auf der Hand haben. Oder zumindest auf der Hand haben könnten. Denn vier Steine werden zuvor aus dem Spiel genommen und unbesehen zur Seite gelegt.

1. Jeder der vier Spieler bekommt sechs Steine. Wer den höchsten Doppelstein hat, ist Startspieler und legt ihn aus. Ist es nicht die Doppel-Sechs, so weiß man bereits, dass sie bei den vier aussortierten Steinen liegt.
2. Liegt der höchste Doppelstein, so darf der Startspieler gleich noch einen Stein anlegen. Kann er nicht, so muss er passen. Nun legt reihum jeder einen Stein an den Startstein.
3. Erst im weiteren Spielverlauf darf an die Äste angelegt werden, die nun vom Startstein ausgehen. Wer keinen passenden Stein an den Startstein anlegen kann, muss passen. Es kann durchaus vorkommen, dass vom Startstein nicht vier Äste ausgehen.
4. Reihum darf nun jeder einen Stein an einem beliebigen Ast anlegen. Ziel ist, entweder als Erster alle Steine loszuwerden oder – wenn alle passen mussten – am wenigsten Minuspunkte auf der Hand zu haben.

Beispiel

Zwei Runden sind bereits gespielt. Nach unten gibt es keinen Ast, an den ausgelegt werden kann, weil der vierte Spieler in der Startrunde passen musste. Im weiteren Spielverlauf kann also nur links, oben oder rechts weitergebaut werden.

Kapitel Drei

Domino-Patiencen

Wenn Sie ganz schnell ein passendes Wort zu dem Begriff „Patience“ sagen sollten, so kommt vermutlich „Geduld“ oder „Spielkarte“ heraus. Dass man mit Dominosteinen auch Patiencen legen kann, ist vielen neu. Die Karte wird dabei durch den Dominostein ersetzt. Das andere Merkmal, die Geduld, gehört allerdings auch zu dieser Art von Einsiedler-Spielen.

Bei der Patience spielt man gegen die eigene Unaufmerksamkeit, gegen ungeschickte Vorgehensweisen, gegen sich selbst. Der Reiz der Patience liegt vor allem darin, dass sie aufgehen kann – aber nicht muss. Patiencen erfordern Konzentration und Ruhe. Sie bieten Spannung und Entspannung zugleich.

Pärchen

• Schwierigkeitsgrad: ●●●●●○○○○

Die Steine werden verdeckt gemischt und dann in fünf Reihen geordnet. Drei Steine bleiben übrig und werden zur Seite gelegt.
Jetzt werden alle Steine umgedreht, wobei sie aber nicht mehr untereinander vertauscht werden dürfen. Auch die übrig gebliebenen Steine werden offen aufgelegt. Das Ziel des Spiels ist es, Pärchen, die zusammen immer die Zahl zwölf ergeben, aufzunehmen und wegzulegen.
Dazu darf man allerdings aus jeder Spalte ausschließlich den untersten Stein nehmen. Ein Pärchen besteht also aus zwei Steinen, die aus verschiedenen Spalten ganz unten geholt wurden oder die zusammen mit einem Stein aus dem Rest zu einem Pärchen geformt worden sind.
Sobald eine Spalte ganz abgeräumt ist, darf man einen Stein aus einer anderen Reihe unten wegnehmen und in die Lücke setzen. Das Spiel ist gewonnen, wenn alle Steine abgeräumt werden können.
Zunächst sieht es aus, als ob es ein reines Glücksspiel wäre. Es liegen aber alle Steine offen aus und es gibt häufig die Möglichkeit, die Wahl aus Steinen mit gleicher Augenzahl zu treffen. Davon hängt aber ab, welcher Stein als nächster frei wird. Der Spielverlauf wird also von der richtigen Entscheidung stark beeinflusst.

Zwei aus Sechs

• Schwierigkeitsgrad: ●●○○○○○○○

Die Dominosteine werden verdeckt gemischt. Dann nimmt man sechs Steine heraus und dreht sie um. Das Ziel des Spiels ist es, Pärchen zu bilden, deren Augen zusammen zwölf ergeben. Sobald ein solches Pärchen gefunden ist, wird es zur Seite gelegt. Dafür darf man wieder zwei Steine aus dem Vorrat nehmen. Wenn es gelingt, den ganzen Vorrat aufzubrauchen – oder gar schon den Bestand von sechs aufgedeckten Steinen aufzulösen, so ist das Spiel gewonnen.

Hochstapeln

• Schwierigkeitsgrad: ●●○○○○○○○

Aus den gut gemischten Dominosteinen werden sieben Stapel gebaut. Die drei unteren Steine liegen jeweils verdeckt; der obere Stein liegt offen. Wenn die Augenzahlen von zwei offen oben auf den Stapeln liegenden Steinen zusammen die Zahl zwölf ergeben, so dürfen sie entfernt werden. Erst dann werden die darunter liegenden verdeckten Steine umgedreht. Frei werdende Plätze dürfen mit Steinen aus einem anderen Stapel besetzt werden. Die Partie ist dann aufgegangen, wenn alle Steine auf diese Weise entfernt werden konnten.

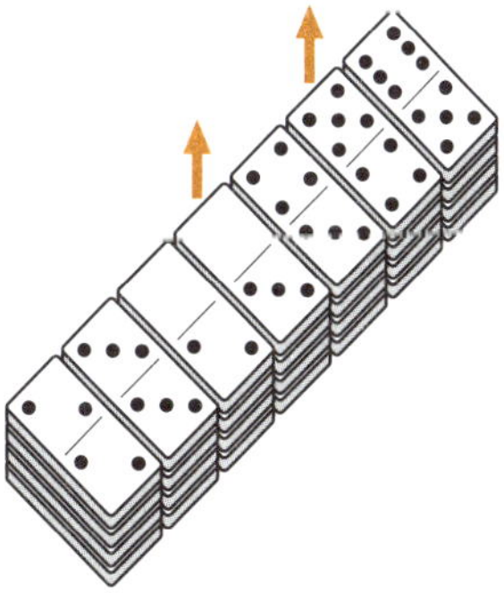

Das lange Band

• Schwierigkeitsgrad: ● ● ● ● ● ● ● ● ●

Reihe A:
Die 28 Steine werden verdeckt gemischt und dann zu einem Band geordnet.
Reihe B:
Nun wird das ganze Band umgedreht, wobei die Lage der Steine untereinander nicht mehr verändert werden darf.

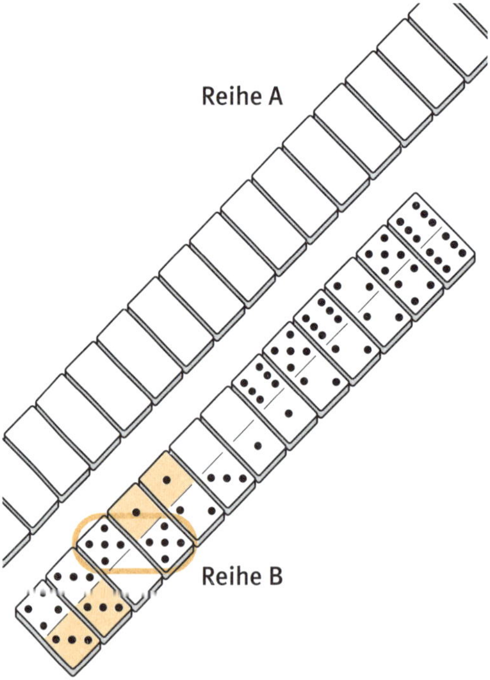

Liegen zwei Steine nebeneinander, die entweder oben oder unten gleiche Augenzahlen haben, so darf man sie entfernen. Das Band wird dann so zusammengeschoben, dass sich die Lücke schließt. In diesem Beispiel darf man also die beiden Dreier-Steine oder auch die beiden Einer-Steine herausnehmen. Die beiden Fünfer, die gekennzeichnet sind, dürfen nicht entfernt werden. Sie liegen zwar nebeneinander, aber nicht in gleicher Höhe. Dieses Spiel sieht zunächst einfach aus, ist aber nur schwer zu gewinnen, also bis zum Ende aufzulösen. Das liegt daran, dass die Reihenfolge, in der passende Pärchen entfernt werden, nicht gleichgültig ist. Im Gegenteil: Zwar ist sorgfältige Überlegung der Schlüssel zum Erfolg, doch auch das garantiert nicht immer, dass die Partie aufgeht. Nehmen Sie das Beispiel: In der rechten Hälfte der Reihe B gibt es mehrere Möglichkeiten, Pärchen herauszunehmen.

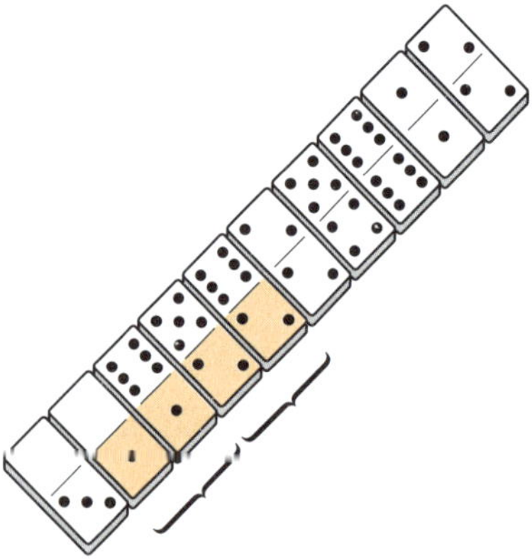

Wenn Sie diese beiden Pärchen herausnehmen, dann haben Sie vier Steine entfernt. Gut. Doch besser wäre es, die beiden Einer zunächst noch liegen zu lassen und anders zu beginnen:

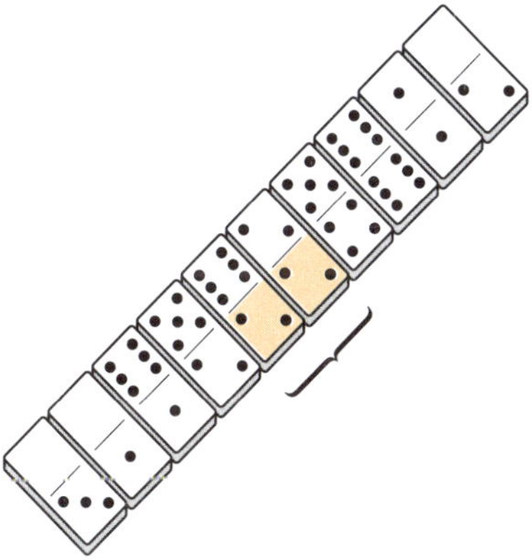

Nun schieben Sie das Band zusammen. Es ergibt sich folgendes Bild:

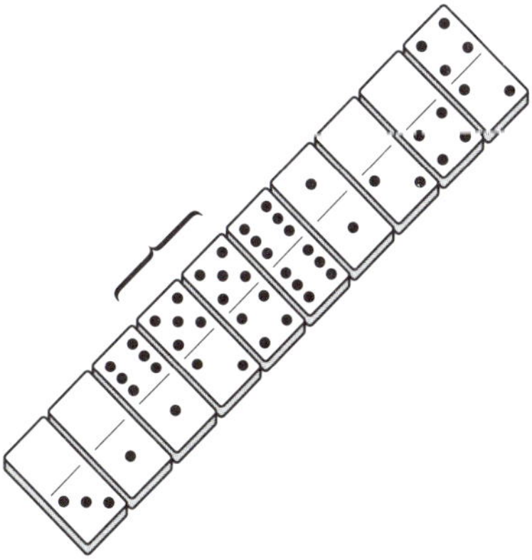

Noch immer gilt es, der Versuchung zu widerstehen, nun die beiden unteren Einer zu entnehmen. Denn wenn man zunächst die beiden Fünfer herauszieht, so rücken die beiden Sechser zusammen, ein neuer Einer wandert nach usw.

Wie gesagt, mit Glück ist bei diesem Spiel wenig zu erreichen. Und auch sauber aufgebaute Partien gehen nicht immer glatt auf.

Umschichten

• **Schwierigkeitsgrad:** ●●●●●●●●○

Dieses Einsiedlerspiel ist faszinierend. Es ist ganz einfach, kann einen aber stundenlang beschäftigen. Man braucht die Steine nur umzuschichten …

Zunächst werden die Steine verdeckt gemischt. Dann schichtet man sieben Stapel zu je vier Steinen auf. Als Nächstes werden jeweils die oberen Steine umgedreht. Schon kann es losgehen.

Im Spielverlauf dürfen auf jedem Stapel höchstens fünf Steine liegen. Umschichten darf man jeweils den oberen Stein eines Stapels auf einen anderen Stapel, wenn die beiden Steine, die dadurch zusammenkommen auf einem Feld gleiche Augenzahlen haben. In unserem Beispiel lässt sich die 4.4 auf 0.4, 4.5

oder 2.4 legen. 4.5 wiederum könnte auf 3.5 geschichtet werden oder die 1.1 auf die 0.1. Aber niemals darf dadurch ein Stapel höher als fünf Steine werden.

Das Ziel des Spiels ist es, als untersten Stein jedes Stapels einen Doppelstein zu haben. Darüber liegen dann Steine, die nach der beschriebenen Regel passen müssen.

Und nun noch einige weitere Regeln: Sobald durch das Umschichten ein verdeckter Stein erscheint, darf er umgedreht werden. Wenn ein Stapel ganz aufgelöst ist, so darf nur ein Doppelstein in die Lücke gelegt werden. Im Spielverlauf darf man nur dann unter einen Stein schauen, um zu wissen, was darunter liegt, wenn man den darüber liegenden Stein regelgerecht versetzen kann. In welcher Reihenfolge die Doppelsteine unter den sieben Stapeln liegen, ist gleichgültig. Doch ist es immerhin eine große Erleichterung, wenn man sie in eine übersichtliche Reihenfolge bringen kann.

Wenn das Spiel zu Ende ist, wird jeder Stapel Stein für Stein abgedeckt, um zu kontrollieren, ob auch tatsächlich nach den Regeln aufgeschichtet wurde. Ein Fehler – und die Partie ist verloren!

Aufrücken

• **Schwierigkeitsgrad:** ●●●●●●○○○

Dieses Spiel geht meist nicht auf. Und doch will man es immer wieder versuchen und legt schnell noch eine Partie aus.

Zuerst werden die Steine verdeckt gemischt. Dann nimmt man drei Steine auf und dreht sie um. Haben die beiden äußeren Steine ein gemeinsames Feld, so darf der dazwischen liegende Stein entfernt werden.

Die beiden äußeren Steine im Beispiel haben je ein Feld mit drei Augen. Der Stein 1.4 wird herausgenommen und beiseite gelegt. Dafür rutscht der rechte Stein nach links, um die Lücke zu schließen. Dann ergänzt man einen Stein.

Im Spielverlauf kommt es oft vor, dass eine ausgelegte Kombination keine Möglichkeit bietet, einen mittleren Stein herauszunehmen. Dann wird eben ein weiterer Stein gezogen und rechts angelegt.

Eine Sonderregel ist wichtig: Wenn alle drei Steine ein übereinstimmendes Feld haben, so wie hier die Eins, so hat der Spieler die Wahl, entweder nur den mittleren (hier 1.5) oder alle drei Steine herauszunehmen (im Beispiel also 1.2; 1.5; 1.3).

Auf den ersten Blick erscheint es immer vorteilhaft, gleich alle drei Steine zu entfernen. Doch das hängt sehr von der Spielsituation ab. Verfolgen wir doch einmal die beiden Möglichkeiten (siehe rechte Spalte):

Drei Steine werden entfernt, es bleiben zwei Steine übrig.

Drei Steine dürften entfernt werden, es wird aber nur der mittlere herausgenommen. Es bleiben vier Steine übrig. Doch es geht weiter:

Der mittlere Stein wird abgelegt. Es bleiben drei Steine, die alle ein gleiches Feld haben. Also dürfen alle drei Steine auf die Ablage gelegt werden, es bleibt kein Stein übrig.

Sind alle Steine abgeräumt, obgleich noch Vorratssteine ausliegen, so beginnt man wieder mit drei Steinen.

Das Spiel ist gewonnen, wenn es gelingt, am Schluss das Band ganz aufgelöst zu haben oder höchstens zwei Steine übrig zu behalten.

Abzählen

• **Schwierigkeitsgrad:** ●○○○○○○○○

Die Steine werden verdeckt gemischt, dann umgedreht und zu einem Band ausgelegt. Man beginnt am linken Ende zu zählen: „null, eins, zwei …" usw. bis zwölf. Dann beginnt es wieder mit null.

Jedes Mal, wenn die Zahl der Augen auf dem Stein mit der gerade gezählten Zahl übereinstimmt, darf der Stein entfernt werden. Beim folgenden Stein wird einfach weitergezählt, also nicht zurück zur Null gesprungen.

Wenn das Ende des Bandes erreicht ist, springt man zum Anfang zurück und zählt einfach weiter. Das Spiel ist gewonnen, wenn alle Steine bis auf einen entfernt werden konnten. Eine harmlose, amüsante Spielerei, denn das Spiel geht (fast) immer auf …

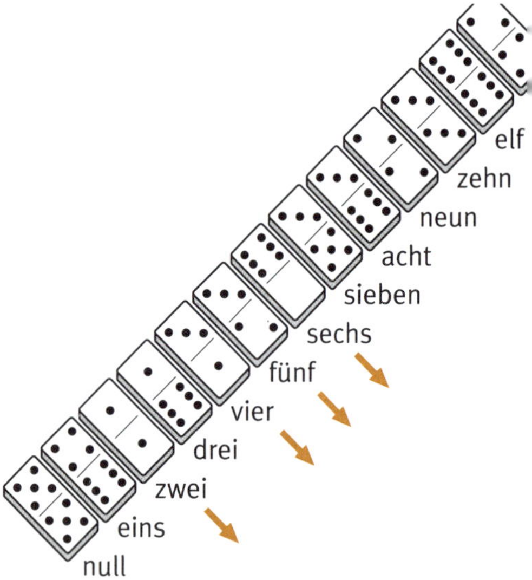

Kapitel Vier

Dominovarianten

Dominosteine und ihre eigentlich schon unerschöpflichen Einsatzmöglichkeiten beflügelten die Fantasie der Spieleerfinder. So entstanden dreieckige Steine, sogenannte Verhext-Steine aus sechs gleich großen Dreiecken und eine große Anzahl an Legespielen, die auf dem Dominoprinzip basieren. Einige der erfolgreichsten werden in diesem Kapitel vorgestellt, auch wenn man sie nicht mit Dominosteinen spielen kann. Diese wiederum inspirierten zu der berühmten Dominotheorie, die am Domino Day jedes Jahr spektakulärer umgesetzt wird.

Passionierte Dominospieler schwören auf die Doppel-Sechs-Version mit den 28 Steinen und lassen da gar nicht mit sich reden. Sie meinen, dass die Erhöhung der Punktzahlen auf den Steinen weder neue Reize noch nennenswerte Regelvarianten in das Spiel gebracht hat. Die Steine wurden allenfalls in ihren jeweiligen Werten unüberschaubarer und die Spiele dauerten damit vielleicht auch ein wenig länger. Mehr kam dabei nicht heraus. Ein völlig anderes Bild ergibt sich allerdings immer da, wo findige Köpfe sich vom Dominospiel nur äußerlich anregen ließen, indem sie Impulse aufnahmen für die Entwicklung durchaus neuer und eigenständiger Spiele, die aber alle ihren Ursprung nicht leugnen konnten. Domino erwies sich hier als Begründer einer neuen Spielgattung, der so genannten Legespiele.

Nach der Veränderung der aufgeprägten Punktezahlen experimentierten findige Leute plötzlich mit den Seiten der Dominosteine: Vom Rechteck mit zwei Zahlenfeldern mutierte Domino zum Trimino, dem Dreiseiten-Domino. Über dreieckige Steine mit drei statt nur zwei Punktefeldern entstand ein neues Spielgefühl. Und ganz nebenbei wurde dem Ganzen plötzlich ein Spielfeld unterlegt.

Die Idee kam an und wurde von anderen Spieleautoren aufgenommen und weiterentwickelt. Heute bietet der Spielemarkt mehrere Dreiseitendominos in unterschiedlicher Gestaltung an. Und es ist nur eine Frage der Zeit, dass weiter mit der Form der Steine experimentiert wird. Beispielsweise ein Spiel, bei dem zwei Sechsecke zu einem Spielstein zusammengefügt werden.

Domino inspirierte zu anderen Legespielen

In einem weiteren evolutionären Schritt wurde die rechteckige Form der Dominosteine aufgehoben. Eine gänzlich neue Form von Legefiguren entstand. Sie haben das Aneinanderfügen von gleich großen Quadraten entlang ihrer Seiten zur Grundlage. Der spielerische Ansatz dieser neuen Flächendominos: Es müssen zueinandergehörige Flächen gefunden und so bestimmte Körper gebildet werden. Hier vermählt sich in gewisser Weise das Domino mit dem guten alten Tangram.

Andere Spieleautoren blieben jedoch bei der bewährten, weil handlichen Form der rechteckigen Dominosteine, brachten aber statt der Punkte oder Zahlen andere, neue Zeichen auf: Bilder, Linien, Farben, Formen usw. Bei solchen Bilder- und Zeichendominos legt man entsprechende Bilder oder Zeichen aneinander. Und wieder nahmen die Legespiel-Freunde das neue Spielgefühl dankbar an.

Aber die Entwicklung, die das gute, klassische Domino in den zurückliegenden Jahrzehnten auslöste, war damit noch längst nicht abgeschlossen. Nach Veränderungen bei den

Zeichen, bei den Seiten und Formen kamen Domino und Puzzle zu einem ganz neuen Spiel zusammen.

Auf kleinen quadratischen Plättchen werden Teile einer Landschaft aufgebracht, die bei dem Anlegen mit allen vier Seiten in logischer Verbindung stehen müssen. So entstehen immer wieder neue Landschaften, in denen heftig um Punkte gerungen wird (siehe *Carcassonne* Seite 78).

Von all diesen schönen Dominovarianten müssen hier einige wenige Beispiele genügen, um den Blick zu öffnen und Appetit zu machen. Vielleicht erkennen und entdecken Sie daraufhin in dem reichen Spieleangebot noch weitere Dominovarianten und haben Spaß daran.

Trimino

Die Idee, das zweiseitige Domino durch eine dritte Seite zu erweitern, hatte wohl als erster ein britischer Professor für Mathematik und Physik, der gleichzeitig auch Major der Artillerie Ihrer Britischen Majestät war. Wer sich ein wenig mit den spielerischen Seiten der Mathematik beschäftigt hat, kennt seinen Namen bereits: Percy Alexander MacMahon. In seinem 1921 erschienen Buch „New Mathematical Pastimes" findet man nicht nur Reflexionen über die später berühmt gewordenen „MacMahon-Würfel", sondern auch eine kombinatorische Analyse über eine Menge von 40 farbigen Dreiecken. Somit war hier also eine Art zweidimensionales Super-Domino vorgedacht.

Jahrzehnte später nahm Professor Heinz Haber, illustrer Wissenschafts-Entertainer im Fernsehen, diese Idee auf und machte daraus *Trimino*: 45 dreieckige Steine mit jeweils drei gleichen Drittelfeldern und Punkten von null bis vier sind die Grundlage dieses Spiels.

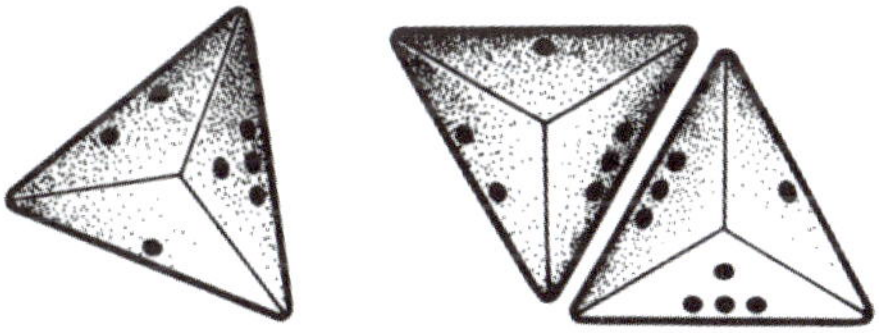

Mit diesen Triminosteinen kann man in drei verschiedene Richtungen anlegen und dabei ganze Flächen in Form symmetrischer Figuren abdecken.

Zwölf solcher Figuren liegen dem Triminospiel als Spielpläne bei, weitere kann man sich selbst leicht herstellen. Es sind Pläne für das Spiel zu zweit, aber auch Puzzlevorlagen, an denen sich ein Einzelspieler durchaus die Zähne ausbeißen kann (siehe Abbildungen Seite 60/61).

Spielpläne für Trimino

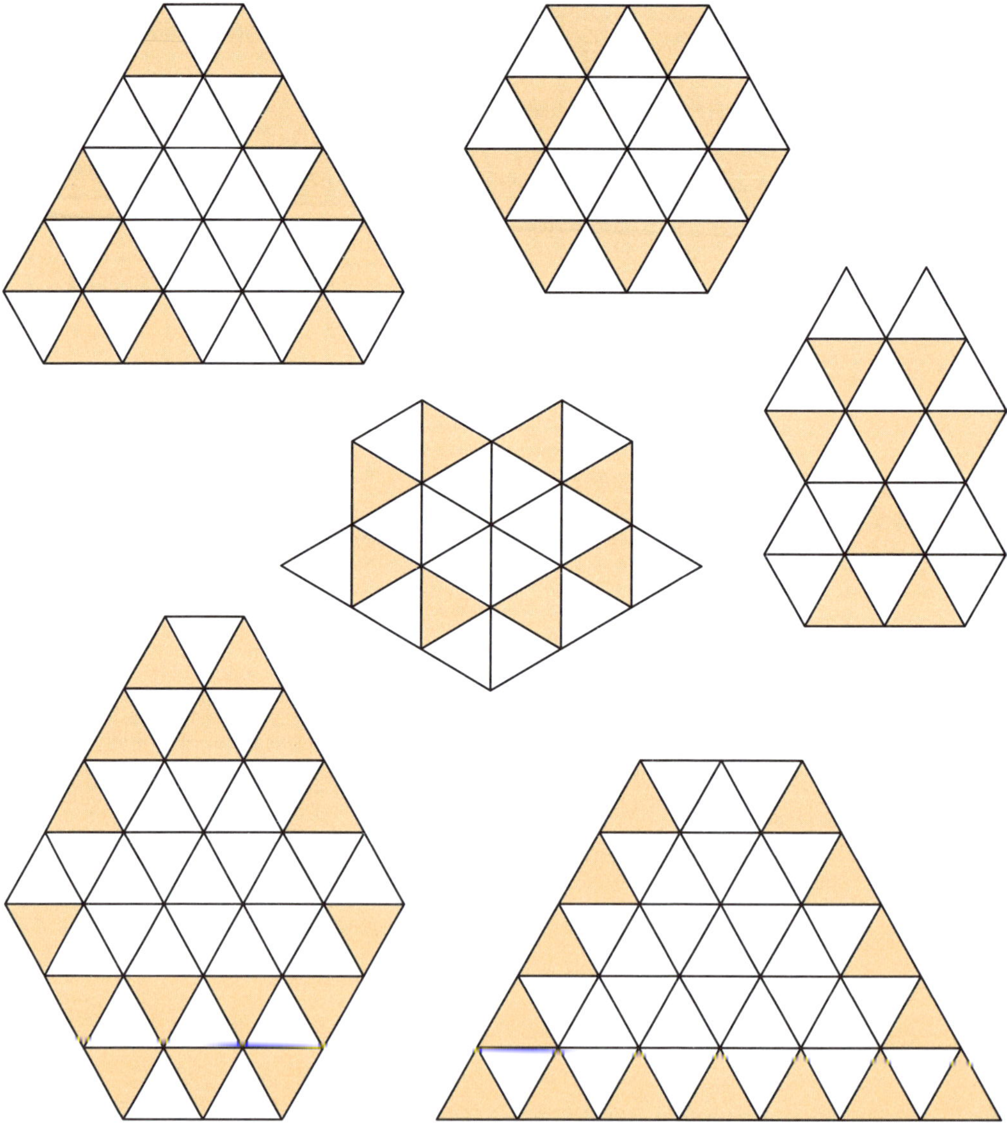

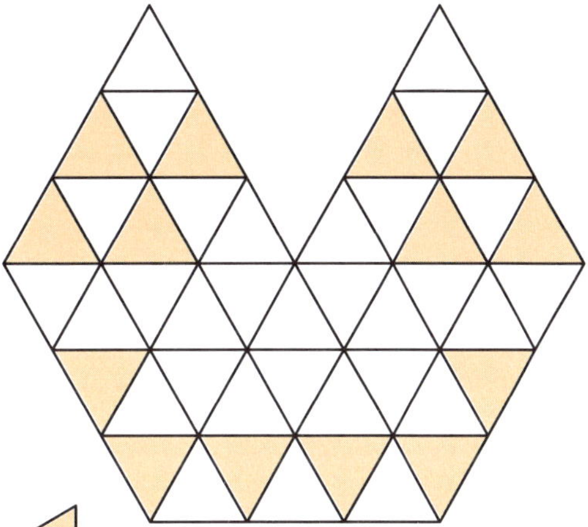

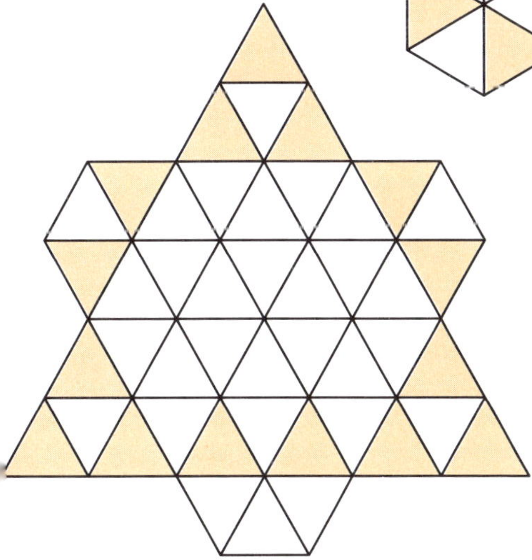

Die Spielregeln

1. Die Steine werden verdeckt gründlich gemischt. Die Spieler einigen sich auf einen Spielplan und decken auf diesem zunächst einmal die schraffierten Felder mit Steinen ab, die offen hingelegt werden.

2. Danach werden die Steine gleichmäßig unter die Mitspieler verteilt:

- bei zwei Spielern: je 15 Steine,
- bei drei Spielern: je zehn Steine,
- bei vier Spielern: je acht Steine

Der verbleibende Rest bildet den Vorrat.

3. Wer den 0/0/0-Stein besitzt, eröffnet das Spiel. Liegt dieser Stein bereits auf dem Spielplan oder noch im Vorrat, beginnt der niedrigste Triminostein.

4. Im folgenden Spiel dürfen zunächst nur solche Steine angelegt werden, die in einen Winkel zwischen zwei bereits auf dem Spielplan liegenden Steinen hineinpassen. Dabei müssen die aneinander stoßenden Symbole natürlich gleich sein.

5. Der Spieler, der am Zug ist, kann so viele Steine ablegen, wie nach dieser Regel passen. Danach setzt der Spieler zur Linken das Spiel fort.

6. Wer keinen passenden Stein hat, muss einen Stein aus dem Vorrat ziehen. Wenn auch dieser nicht passt, setzt er aus.

7. Erst wenn alle Ecken in der Vorlage ausgefüllt sind, darf ein Stein angelegt werden, der nur mit einer Seite einen Nachbarstein berührt. Entsteht dadurch eine neue Ecke, so muss diese zunächst wieder ausgefüllt werden. Das lässt sich taktisch nutzen.

8. Spielziel ist es, wie beim normalen Domino, möglichst viele Steine und möglichst die mit den hohen Punktzahlen loszuwerden.

9. Wenn der Vorrat erschöpft ist und keiner der Spieler mehr anlegen kann, ist das Spiel beendet. Jeder Spieler bekommt die Gesamtaugenzahl der in seinem Besitz verbliebenen Steine als Minuspunkte aufgeschrieben. Wenn der letzte Spieler die Figur der Vorlage beendet – was nicht immer der Fall ist –, erhält er 50 Pluspunkte.

10. Sobald ein Spieler 100 Punkte zu seinen Lasten hat, ist die Partie beendet.

Variante

Für Kinder und weniger geübte Spieler empfiehlt es sich, einen kleineren Satz von 24 Steinen herzustellen. Dazu werden alle Steine aussortiert, die das Symbol vier enthalten.

(Abdruck der Trimino-Spielregeln mit freundlicher Genehmigung von Prof. Dr. Heinz Haber.)

Triomino

Ein anderes Drei-Seiten-Domino wird ohne Spielplan gespielt. Dieses *Triomino* ist enorm vielseitig und ausbaufähig und kann auch gestandene Dominospieler fesseln. Darüber hinaus ist es aber mit *Triomino* durchaus möglich, noch tiefer in die innere Logik und Fantasie des Spiels mit Dreiecken einzusteigen. Dazu müssen allerdings alle Vierer- und Fünfer-Werte ausgesondert werden.

Zurück bleiben dann die 24 „logischen Steine" des Parisers Marc Odier, die das gleiche Aussehen haben. Mit einem solchen Satz Steine kann man all die raffinierten Spiele und Denksportaufgaben durchspielen, die Marc Odier in seinem Buch „Trioker mathematisch gespielt" gemeinsam mit Y. Roussel entwickelt hat.

Wir geben auf der nächsten Seite einige Beispiele, die gleich etwas Appetit machen sollen. Zunächst einige einfache Puzzles, die 18 bis 21 Steine erfordern.

Die Spielregeln

1. *Triomino* wird mit 54 Steinen gespielt, welche die Werte von null bis fünf Punkte aufweisen. Die Steine werden verdeckt gemischt, jeder Spieler zieht sich seine Steine:

- bei zwei Spielern: je neun Steine,
- bei drei bis vier Spielern: je sieben Steine,
- bei fünf bis sechs Spielern: je sechs Steine.

Die restlichen Steine bilden den Vorrat.

Beispiele Triomino

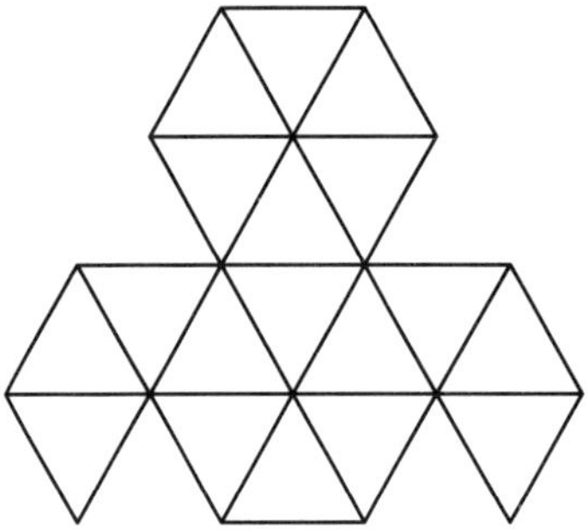

Die Büste (18 Steine)

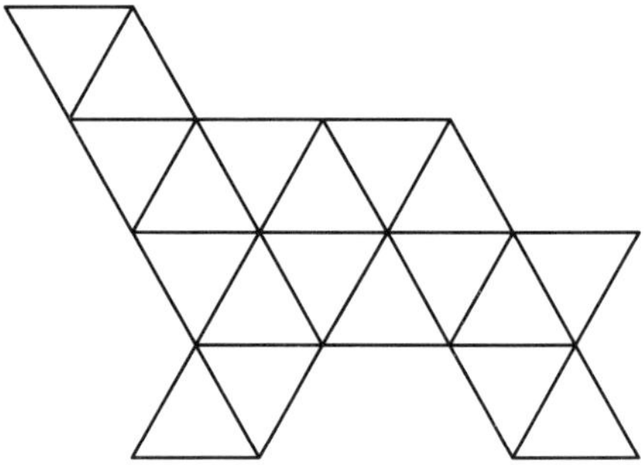

Der Sessel (19 Steine)

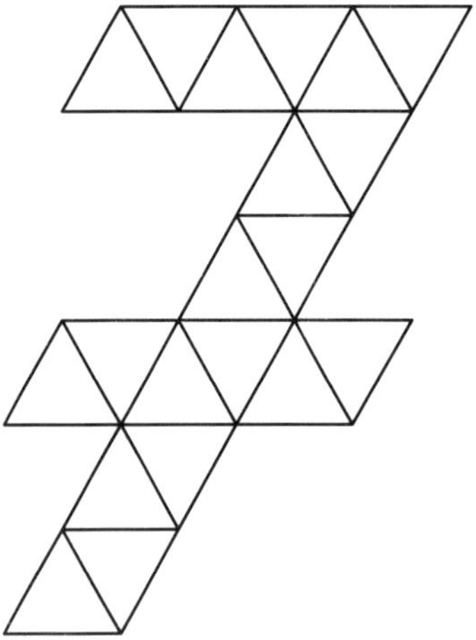

Die Zahl 7 (20 Steine)

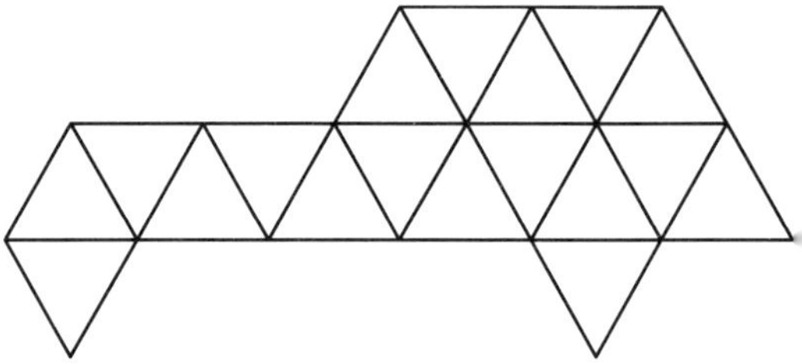

Das kleine Auto (18 Steine)

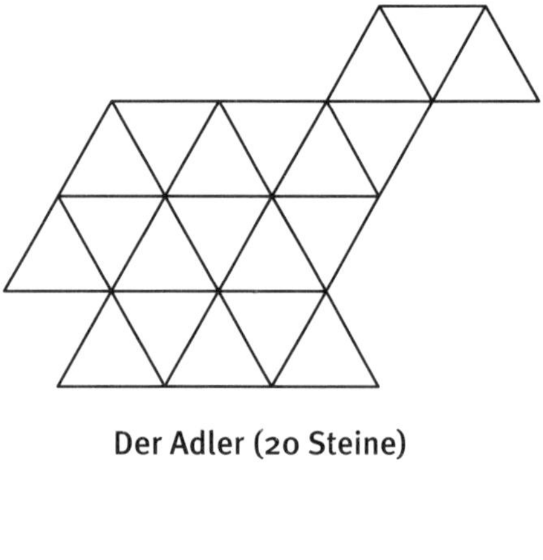

Der Adler (20 Steine)

Beim Auslegen ist immer darauf zu achten, dass Steine nur dann längs einer Kante zusammengefügt werden dürfen, wenn die aufeinander treffenden Ecken gleiche Werte tragen. Weitere mittelschwere Puzzle mit 24 Steinen:

Der Gorilla

Der Fußballer

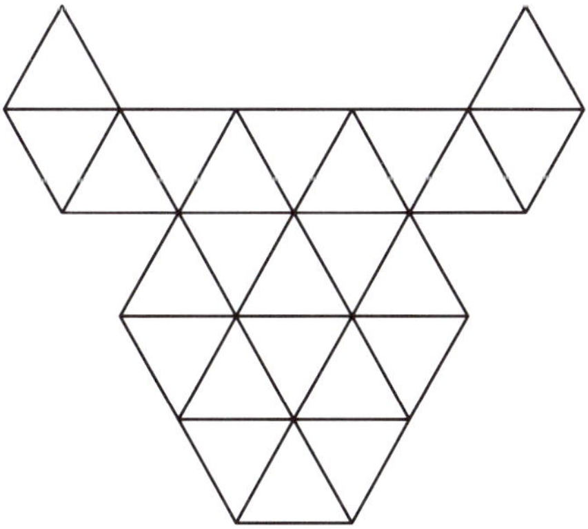

Der Stierkopf

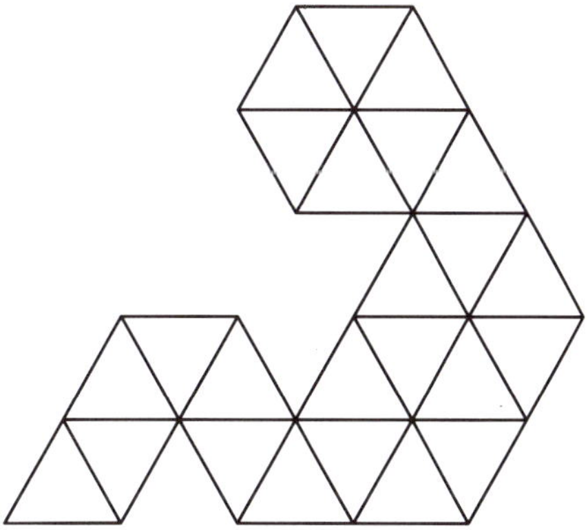

Der Sitzende

Wie bei *Tangram* sind auch hier stets nur die äußeren Umrisse der Gesamtfigur gegeben. Das Auslegen selbst ist streckenweise schon ein Dominopuzzle für Könner und Meister. Aber auch das nach den Spielregeln gespielte Triomino hat seine eigenen Reize und sei dem fortgeschrittenen Dominospieler nachdrücklich ans Herz gelegt.

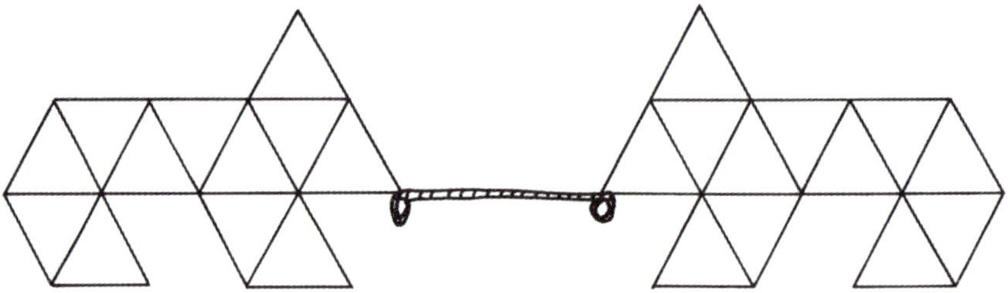

Zwei Hunde (2 x 12 Steine)

2. Die Spieler decken ihre Steine auf und stellen sie so, dass sie von den Mitspielern nicht eingesehen werden können. Der Spieler mit dem höchsten Triominostein legt diesen in die Tischmitte und eröffnet damit das Spiel. Er erhält den Gesamtwert dieses Steines sowie einen Bonus von zehn Punkten.

= 12 + 10 = 22 Punkte

3. Der nächste Spieler kann jetzt an diesen Stein anlegen, wenn er einen Stein mit den passenden Werten hat. Auch er erhält den Wert seines Steines gutgeschrieben.

= 11 Punkte

4. Wer keinen passenden Stein hat, nimmt sich bis zu drei Steine aus dem Talon. Kann er auch damit nicht anlegen, muss er passen. Für jeden gezogenen Stein erhält er zehn Minuspunkte.

5. Spielziel ist es, wie beim gewöhnlichen Domino, möglichst als erster Spieler alle Steine loszuwerden oder aber zumindest die höchsten Werte abgelegt zu haben, wenn ein anderer Spieler Schluss macht.

6. Gewinner einer Runde ist, wer als Erster alle seine Triominosteine verbraucht hat. Er erhält 25 Sonderpunkte plus die Gesamtpunktzahl aller Triominosteine, die noch in den Händen der anderen Spieler sind.

7. Wenn alle Spieler passen müssen, ist das Spiel gesperrt. Es gewinnt dann der Spieler mit der geringsten Gesamtpunktzahl auf seinen restlichen Steinen. Diese Zahl zieht er je-

weils von der Gesamtpunktzahl seiner Mitspieler ab und schreibt sich die entsprechenden Zahlen ohne Bonus gut.

8. Im Spiel gibt es folgende Möglichkeiten, Sonderpunkte zu machen: 50 Punkte erhält der Spieler, dem es gelingt, mit seinem Stein ein Sechseck zu schließen.

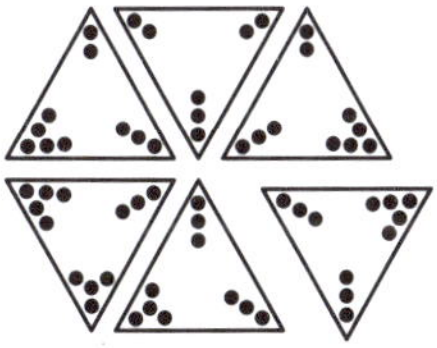

11 + 50 = 61 Punkte

40 Punkte erhält, wer mit seinem Triominostein eine Brücke herstellen kann:

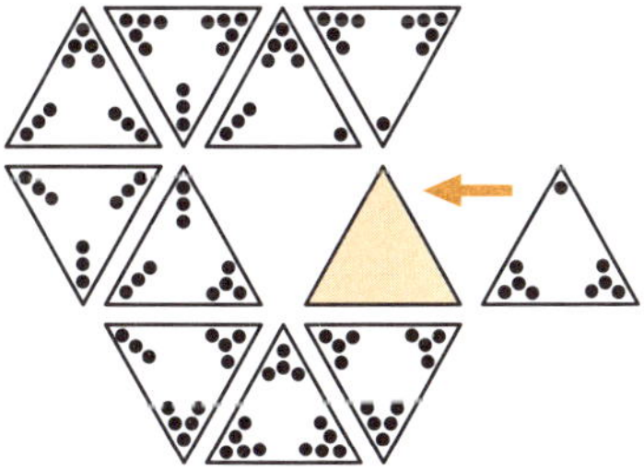

9. Hat ein Spieler 400 Punkte erreicht, wird damit die letzte Runde eröffnet. Es gewinnt am Ende der Spieler, der die höchste Punktzahl erreicht hat.

Verhext

Von dem flächendeckenden dreiseitigen Domino war es nur ein kleiner Schritt zu einem völlig neuen Formen-Domino. Auch hier hat Prof. Dr. Heinz Haber ein Spiel veröffentlicht, das es in sich hat. Den Titel *Verhext* glaubt man aufs Wort.

Dabei hat er eigentlich gar nichts mit Hexerei zu tun, eher mit dem griechischen Zahlwort „hexa“ für sechs. Jeder der zwölf Verhext-Steine besteht nämlich aus sechs gleich großen, zusammenhängenden Dreiecken.

Mehr Formen auf dieser Grundlage, das lässt sich mathematisch leicht nachprüfen, sind auch gar nicht möglich. Und jeder dieser Steine hat einen Namen, der sich aus seiner äußeren Form ableitet.

Fast alle diese Verhext-Steine sind in sich symmetrisch. Dementsprechend lassen sie sich auch zu einer beinahe endlosen Zahl von regelmäßigen symmetrischen Figuren zusammenfügen. Das geschieht nahtlos und Form an Form, ohne Lücken. Die Figuren wirken hinterher wie aus einem Guss, unterteilt in lauter kleine Dreiecke.

Das umfangreiche Regelheft zu diesem Spiel bringt eine Unmenge von Vorlagen. Es führt systematisch von einfachen Figuren mit vier, sechs oder acht Steinen bis hin zu Motiven, die neben allen zwölf Verhext-Steinen auch noch die ganze Konzentration und Geduld des Spielers erfordern.

Besonders reizvoll bei diesem Spiel ist, dass man jeden der zwölf Steine unter Benutzung von vier beliebigen Steinen linear in doppelter Größe (mit vierfacher Fläche) darstellen kann. Mit je neun Steinen kommt man auch zu Verdreifachungen. Entsprechende Spielpläne liegen dem Spiel zusätzlich bei. Übrigens ist bei den Steinen Nr. 3 (Kamm) und Nr. 6 (Kirche) der Nachweis geführt worden, dass sie sich nicht verdreifachen lassen. Offen ist dies noch für die Nr. 9 (Pfeffermühle), die sich nach der Paarigkeitsregel eigentlich triplizieren lassen müsste. Das ist aber bisher noch nicht gelungen. Hier gibt es also noch mathematische Spielerlorbeeren zu erringen.

Die zwölf Verhext-Steine nach Prof. Dr. Heinz Haber

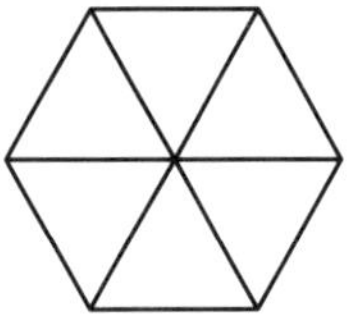

Nr. 1 Das Hexagon

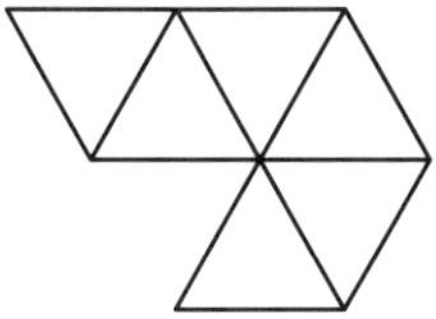

Nr. 2 Der Haken

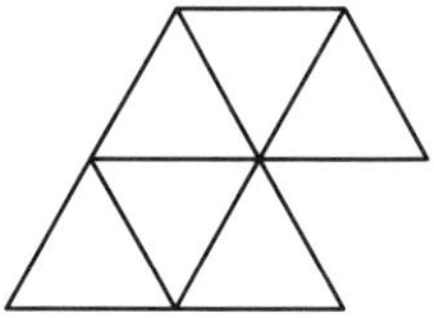

Nr. 3 Der Kamm

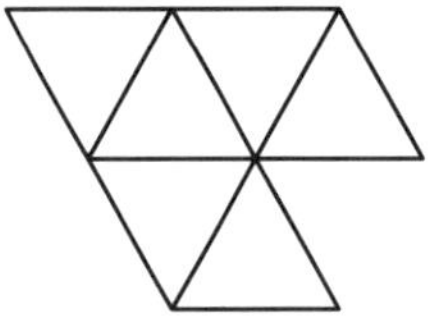

Nr. 4 Der Pfeil

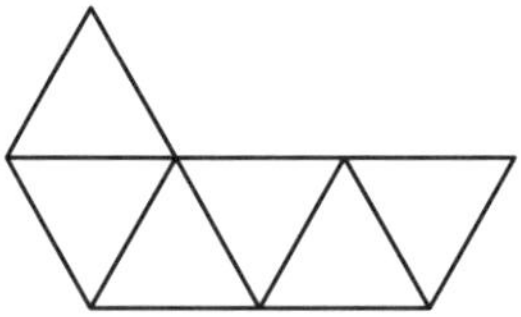

Nr. 5 Der Tanker

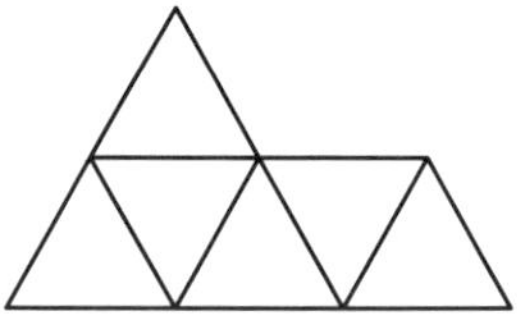

Nr. 6 Die Kirche

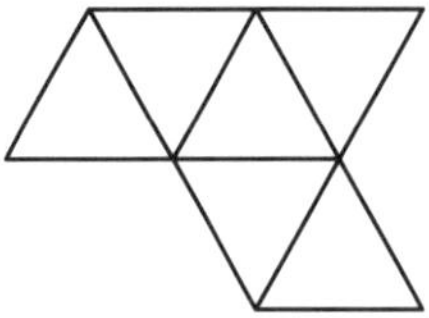

Nr. 7 Der Revolver

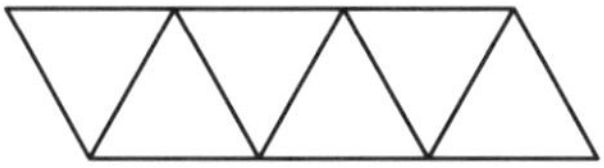

Nr. 8 Die Feile

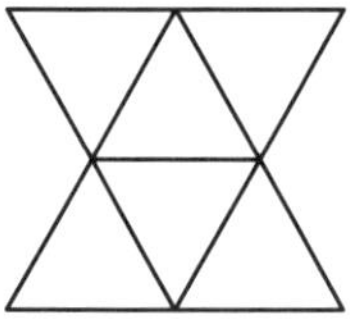

Nr. 9 Die Pfeffermühle

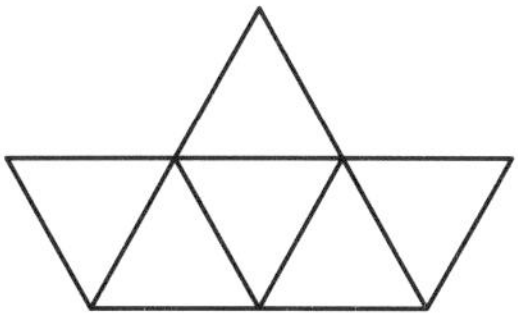

Nr. 10 Das Segelboot

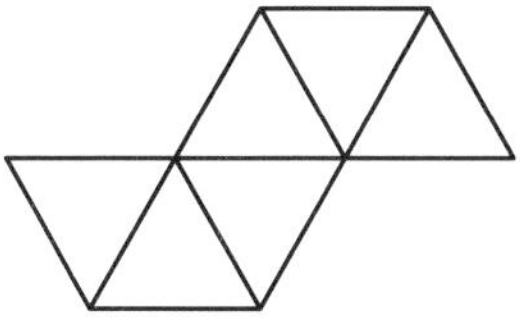

Nr. 11 Die Schlange

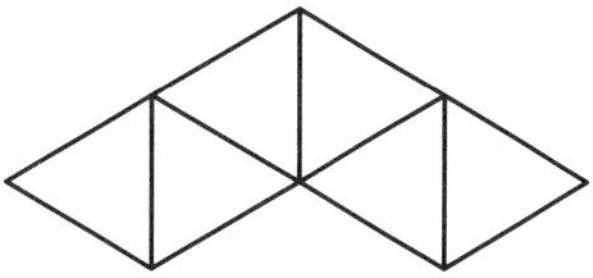

Nr. 12 Das Dach

Figuren unter Verwendung von vier beliebigen Verhext-Steinen zum Üben:

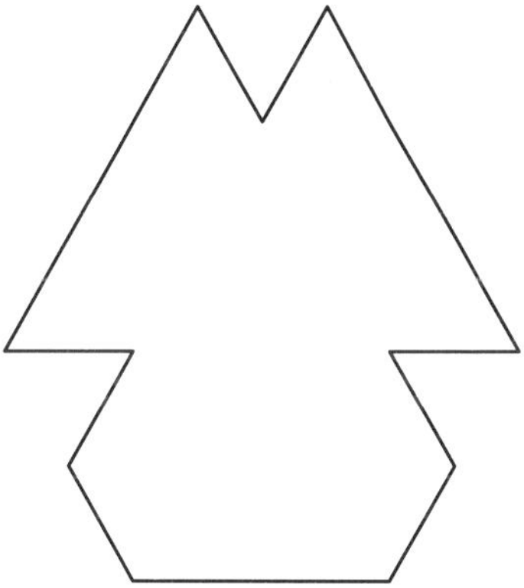

Lösung 12 – Seite 120

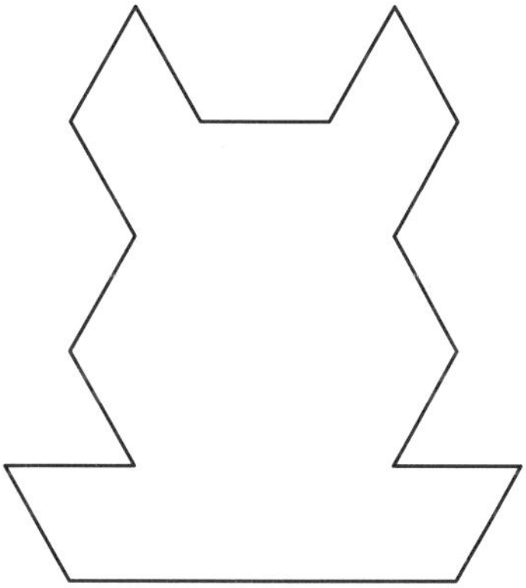

Lösung 17 – Seite 124

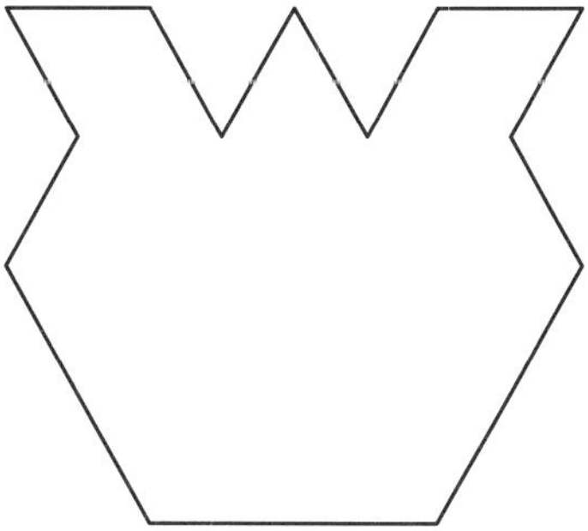

Lösung 24 – Seite 128

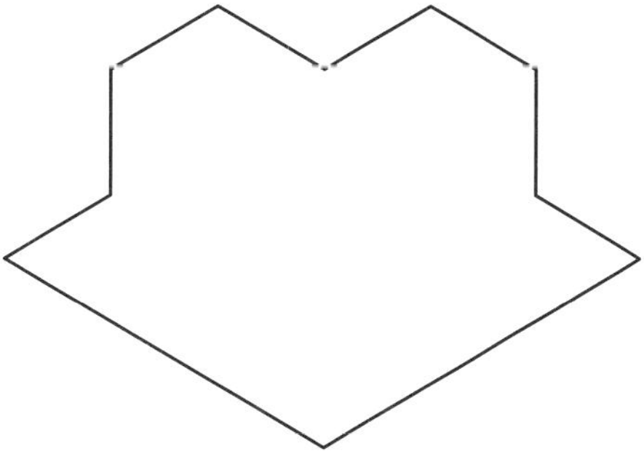

Lösung 36 – Seite 134

Beispiele größerer und schönerer Figuren mit sechs Verhext-Steinen:

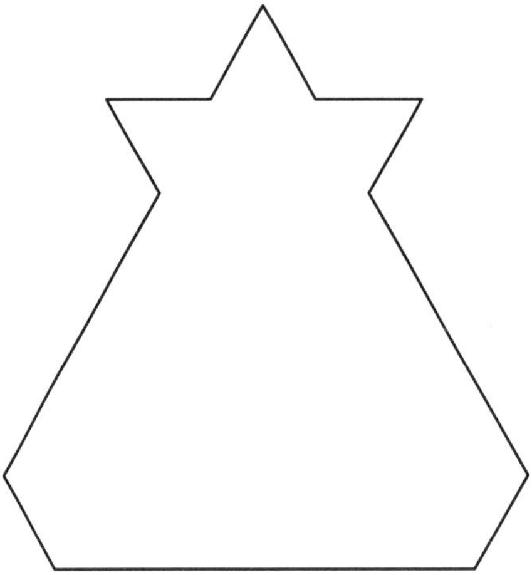

Lösung 3 – Seite 115

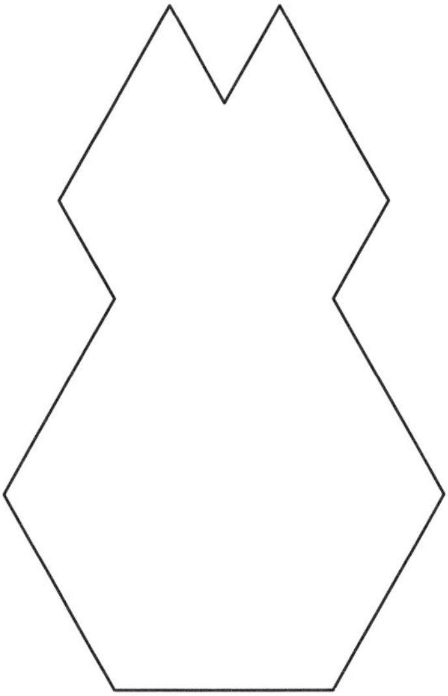

Lösung 20 – Seite 126

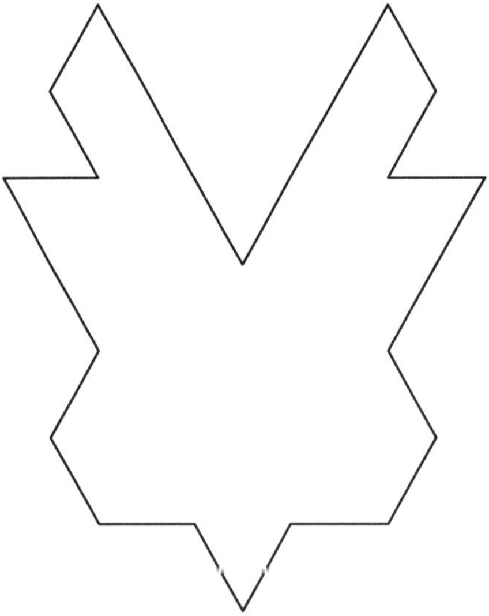

Lösung 30 – Seite 131

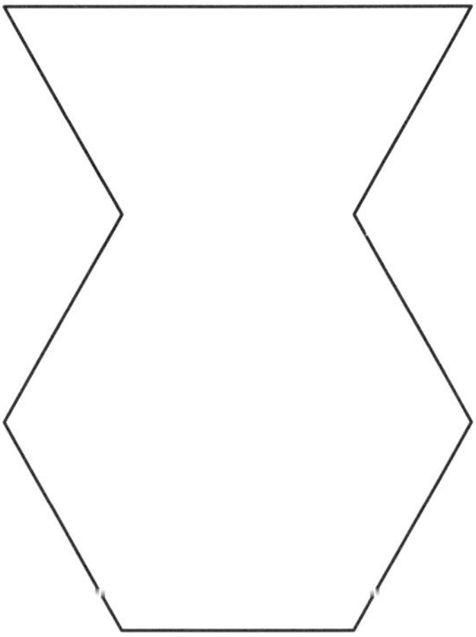

Lösung 33 – Seite 132

Spitzen-Hexerei mit zwölf Steinen:

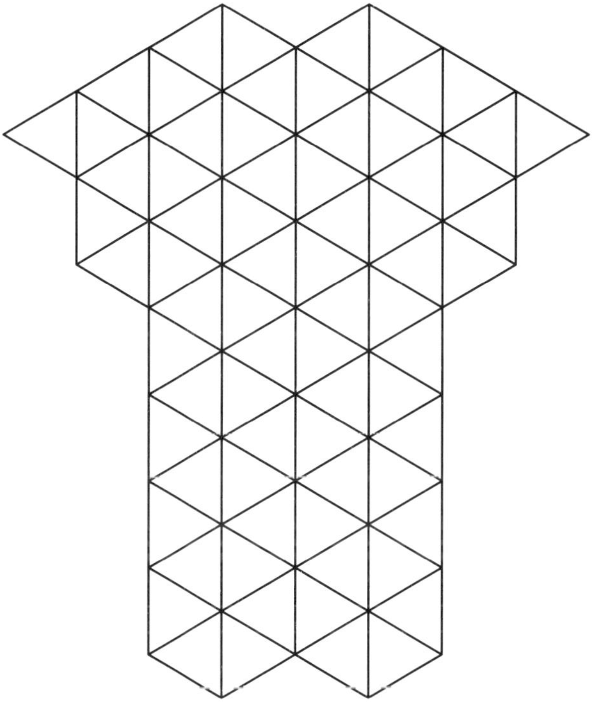

Lösung 26 – Seite 129

Pentomino

- Zahl der Spieler: zwei oder vier
- Schwierigkeitsgrad: ●●●●●●●○○

Bereits als Student in Havard beschäftigte sich Solomon W. Golomb mit jenen skurrilen flachen Figuren, die durch Aneinanderfügen von Quadraten entlang ihrer Seiten entstehen. Er ging davon aus, dass ein Dominostein nichts anderes sei als zwei aneinander gesetzte gleich große Quadrate. Entsprechend nannte er zum Beispiel eine Figur aus drei Quadraten Tetromino usw.

Durch das Zusammenfügen von fünf gleich großen Quadraten erhält man genau zwölf mögliche Umrissformen. Golomb erkannte recht bald die besonderen Vorteile dieser Pentominos für mathematische Denkspielereien: In Zahl und Form noch übersichtlich und handlich, boten sie doch schon eine enorme Fülle kombinatorischer Möglichkeiten. Und so stellte er sie in einer Reihe von Aufsätzen besonders heraus und entwickelte aufregende Geduldsspiele, bei denen es darum ging, diese Pentominos zu besonderen symmetrischen Figuren zusammenzulegen. Dabei muss Seite an Seite voll anliegen, entsprechend der gleichen Zahl von Quadraten. In Amerika löste der zwischenzeitlich zum honorigen Mathematik-Professor avancierte Golomb mit seinem *Pentomino* eine regelrechte Denksportwelle aus. Heute kann man die zunächst von ihm selbst produzierten kleinen Kunststoff-Pentomino-Kästchen beinahe rund um den Globus kaufen. Als Leckerbissen für Freunde mathematischer Puzzle-Spiele aber gilt das im Jahr 1965 bei Scribner in New York verlegte Buch Golombs mit dem Titel „Polyominos". Reich illustriert fasst es in einem Band zusammen, was über Pentominos und ihre „Verwandten" bis dahin bereits erdacht und erknobelt worden war.

Zu diesem Buch gibt es auch die eingehende Analyse eines Brettspiels, das Martin Gardner, ehemaliger Spielekolumnist des Wissenschaftsmagazins „Scientific American", eines der ungewöhnlichsten mathematischen Brettspiele der letzten Jahre nannte. Diese Spielregeln hat man in Sekundenschnelle kapiert und doch weist dieses Spiel mehr Eröffnungsmöglichkeiten auf als das gute alte Schachspiel. *Pentomino* ist ein reines Denkspiel, Glück ist hier einfach nicht gefragt. Und ein Remis, das gelegentlich die Schachkunst lähmt, kommt überhaupt nicht vor. In der Tat ein ungewöhnliches Spiel!

Vorbereitung und Spielregeln

1. *Pentomino* spielt man am besten auf dem Standard-8-x-8-Schachbrett. Man schneidet sich dazu die zwölf Pentomino-Stücke aus Pappe aus. Dabei ist zu beachten, dass die

Die zwölf Pentomino-Figuren

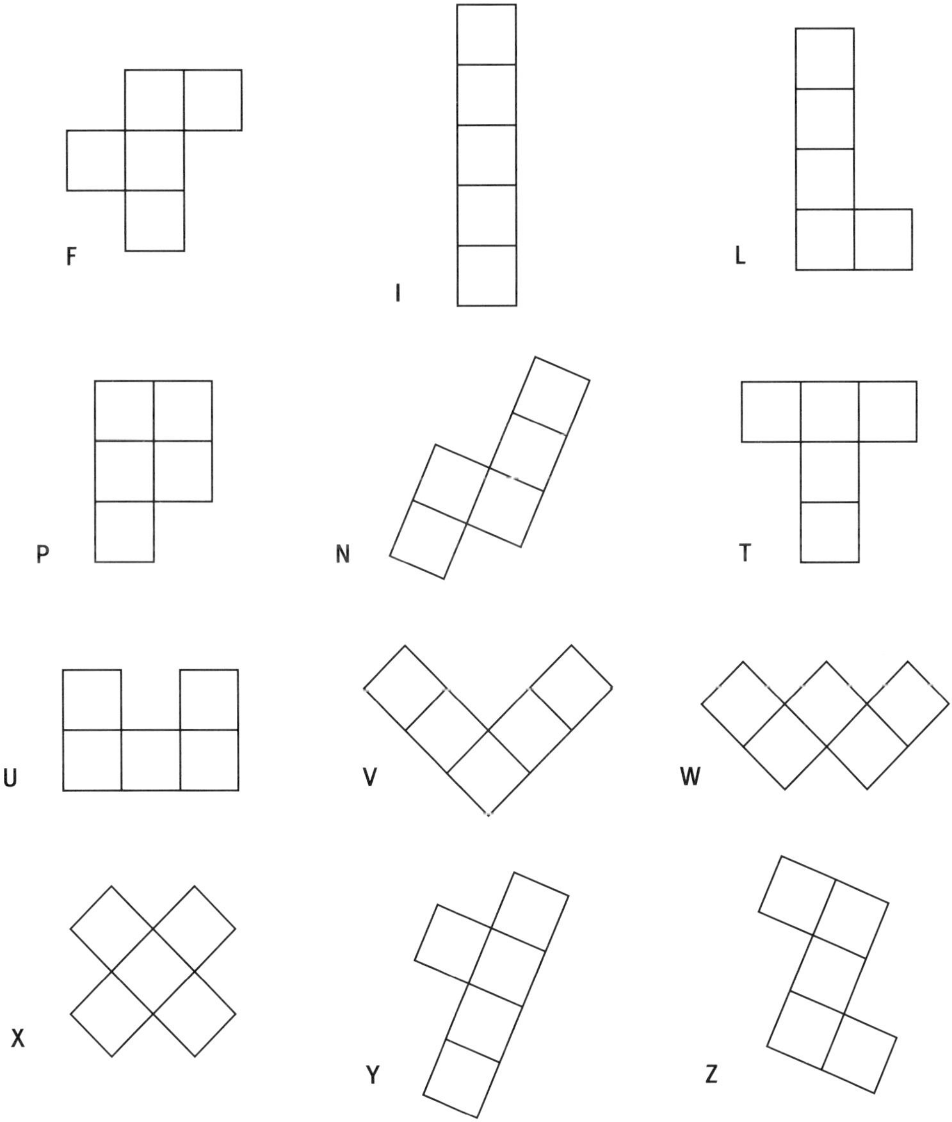

Quadrate der Figuren die gleiche Größe haben müssen wie die des Schachbretts.

2. Zu Spielbeginn ist das Spielbrett leer. Die zwölf Pentominos liegen daneben auf dem Tisch ausgebreitet.

3. Spielziel ist es, die einzelnen Pentominos so auf dem Schachbrett auszulegen, dass einer der Spieler am Ende nicht mehr setzen kann oder aber das letzte Stück legt.

4. Die Spieler einigen sich, wer das Spiel eröffnen soll. Ob der eröffnende Spieler einen Vorteil hat, ist bisher mathematisch noch nicht geklärt.

5. Der erste Spieler nimmt – nach seiner freien Wahl – eines der Stücke und legt es so auf dem Brett ab, dass es fünf beliebige Quadrate bedeckt. Das Spiel geht dann abwechselnd weiter.

6. Das Spiel kann dadurch beendet werden, dass entweder keines der übrig gebliebenen Stücke mehr passt oder aber alle Stücke abgelegt worden sind. Der Spieler, der nicht mehr spielen kann, hat verloren.

Varianten

Man kann auch zu Beginn die Pentomino-Figuren gleichmäßig unter die Spieler aufteilen. Dazu werden die Namen oder auch die Abbildungen der Pentomino-Stücke auf Karten gemalt, die Karten gemischt und ausgeteilt. Jeder Spieler nimmt dann die Stücke, die seine Karten anzeigen und muss nun im Spiel die ihm bescherten Umrissformen taktisch berücksichtigen. Beim *Partner-Pentomino* spielen vier Spieler an jeder Seite eines Brettes und setzen der Reihe nach. Die gegenüber sitzenden Spieler bilden eine Mannschaft. Es gewinnt die Mannschaft des Spielers, der als Letzter gesetzt hat.

Spieltipp von Solomon W. Golomb

Man verbessert seine Chancen, wenn es gelingt, das Brett in separate und gleiche Flächen aufzuteilen. Jeder Zug des Gegners in ein „Gebiet“ wird dann mit einem Zug in ein anderes Gebiet aufgefangen. Kann man dieses Vorgehen durchhalten, so gewinnt man auch einigermaßen sicher den letzten Zug.

Blokus

- Zahl der Spieler: eins bis vier
- Schwierigkeitsgrad: ●●●●●○○○○

Die Grundidee des amerikanischen Mathematik-Professors Solomon W. Golomb, durch Aneinanderfügung gleich großer Quadrate Figurensätze herzustellen, hat nicht nur eine eigene Denksport-Welle rund um den Globus ausgelöst: Sie führte auch zur Entwicklung immer neuer Spiele mit diesen Figurensätzen. Dazu gehört auch *Blokus*, in Frankreich von dem Ingenieur Bernard Tavidian entwickelt, der die schon vielfach variierte Idee des Legespiels mit geometrischen Figuren aufnahm und erneuerte.

Dabei hatten die Spielekritiker bereits verkündet, abstrakte Spiele hätten auf dem Spielemarkt von heute nur noch geringe Chancen. Zudem erinnerten die grafische Gestaltung und die flachen Plastikfiguren fatal an Stil und Standard der 1960er-Jahre. Die Jury des Kritikerpreises „Spiel des Jahres“ war da anderer Meinung. Sie bewertete den enormen Spielreiz sehr viel höher als die formale Präsentation und setzte *Blokus* auf ihre Auswahlliste. Damit trug sie ganz wesentlich zum Erfolg eines Spieles bei, das ansonsten vielleicht in der Flut der Neuerscheinungen untergegangen wäre.

Bernard Tavidian arbeitete bei *Blokus* mit einem Figurensatz, der dadurch entsteht, dass man ein bis fünf Quadrate seitlich aneinander fügt. Ausgehend von dem Grundstein, dem sogenannten Solitärstein, erhalten wir so insgesamt 21 Formen.

Und zwar: ein kleines Quadrat, einen Stein aus zwei Quadraten, zwei Steine aus drei Quadraten, fünf Steine aus vier Quadraten, zwölf Steine aus fünf Quadraten.

Und schon kann das Spiel auf dem Spielplan mit den 20 mal 20 kleinen Feldern beginnen.

Die Spielregeln

Jeder Spieler versucht, seine 21 Steine abzulegen.

1. Es wird stets in der folgenden Farbreihenfolge gespielt: blau, gelb, rot, grün. Die Farben werden ausgelost. Jeder Spieler hat einen Satz von insgesamt 21 Steinen in seiner Farbe.

2. Zur Eröffnung des Spiels legt jeder reihum einen ersten Stein seiner Wahl in der eigenen Ecke aus.

3. Reihum muss nun jeder Spieler eine neue Figur anlegen. Dabei gilt, dass bereits ausliegende Steine an einer oder mehreren Ecken berührt werden. Seitliches Anlegen ist nur bei andersfarbigen Steinen erlaubt.

4. Steine, die ausgelegt wurden, dürfen bis Spielende in ihrer Lage nicht mehr verändert werden.

5. Kann ein Mitspieler nicht anlegen, setzt er aus; die anderen legen weiter an.
6. Sobald alle Spieler blockiert sind, zählt jeder die Anzahl der nicht abgelegten Quadrate und ermittelt so sein Punktergebnis:

- 20 Pluspunkte, wenn alle 21 Steine abgelegt werden und die Partie mit dem Solitär-Stein beendet werden konnte,
- 15 Pluspunkte, wenn alle 21 Steine abgelegt wurden,
- ein Minuspunkt schließlich für jedes nicht abgelegte Quadrat.

Varianten

- Bei einem Spiel mit zwei Mannschaften zu je zwei Spielern bilden jeweils zwei Mitspieler ein Team und setzen sich diagonal gegenüber. Die Spielreihenfolge bleibt gleich: blau, gelb, rot, grün. Im Spiel sind gegenseitige Absprachen erlaubt. Am Spielende errechnet jede Mannschaft ihre Punktzahl.
- Bei zwei Spielern übernimmt der eine die blauen und roten, der andere die gelben und grünen Steine. Die Spielreihenfolge ist wieder die gleiche. Am Ende ermittelt jeder seine Punktzahl.
- Bei drei Spielern wählt jeder Mitspieler seine Farbe. Die vierte Farbe wird jeweils abwechselnd von einem der drei Spieler abgelegt. Abgerechnet wird wie bei einer Partie zu viert. Das Punktergebnis der vierten Farbe wird allerdings ignoriert.
- Für Solitärspieler gibt es eine ganze Reihe von tüfteligen und interessanten Aufgaben. Beispielsweise müssen alle 84 Steine unter Beachtung der Spielregeln abgelegt werden oder sind alle 20 aus vier Quadraten bestehenden Steine in einem acht mal zehn großen Rechteck abzulegen.

Blokus, Sekkoia Verlag, Paris.

Einfach Genial

- Zahl der Spieler: ein bis vier
- Schwierigkeitsgrad: ●●●●●●○○○

Muss ein Dominostein immer aus zwei Vierecken bestehen? Und Stein für Stein Punkte oder Zahlen aufweisen?
Der deutsche Spieleautor Reiner Knizia dachte sich, er könne auch mal etwas anderes machen und fügte einfach zwei Sechsecke aneinander. Sechseckige Spielpläne mit sechseckigen Spielfiguren, so beobachtete er, ersetzten in den vergangenen Jahren ohnehin immer mehr das Viereck und die schachbrettartigen Spielfelder und eröffneten damit neue Bewegungsmöglichkeiten im Spiel. Und er setzte seine Idee in die Tat um. Dass seine neuartigen Dominosteine nicht gerade stabil aufzustellen und auch im Spiel recht gewöhnungsbedürftig sind, entmutigte ihn keines-

falls. Statt Punkten besteht die Oberfläche der Steine aus Farben und Formen. Für Farbenblinde und Menschen, die partielle Störungen bei der Farbunterscheidung haben, erweist sich das übrigens als sehr praktisch. Zum Aufstellen der Spielsteine bietet das Spiel kleine Bänkchen für jeden Spieler. Natürlich hat der Spielplan von *Einfach Genial* eine sechseckige Anlage mit sechseckigen Waben. Sonst wäre es ja nicht möglich, diese speziellen Steine aus zwei Sechsecken abzulegen. Unterlegte Graustufen signalisieren die Feldgröße für zwei, drei oder vier Spieler.

Die Spielregeln

Ziel des Spieles ist es, durch Anlegen von Spielsteinen mit Farbsymbolen an Steine mit übereinstimmenden Farbsymbolen Punkte zu erzielen. Diese Punkte hält jeder Spieler auf seiner Punktetafel mit dem jeweiligen Stein in der Farbe fest, für die er gerade Punkte erzielt hat. Dabei geht es nicht darum, die meisten Punkte zu bekommen. Es gewinnt vielmehr der Spieler, dessen letzter Farbstein auf der Punktetafel am weitesten vorne ist. Diese zunächst verwirrende, letztlich aber doch geniale Idee macht das Spiel bis zum Schluss einfach spannend.

1. Zu Beginn platziert jeder Spieler auf seiner Punktetafel, für alle gut sichtbar, die Wertungssteine, die farblich zu den Farbsymbolen auf den Steinen passen, jeweils auf dem Ausgangswert null. Anschließend entnimmt er dem Beutel sechs Steine und stellt sie auf die Ablagebank vor sich.

2. In der ersten Runde muss jeder Spieler einen seiner Steine neben ein aufgedrucktes Farbsymbol legen – und zwar jeder Spieler an ein anderes Farbsymbol. Der angelegte Stein wird anschließend sofort gewertet.

3. Später platziert jeder Spieler reihum einen Stein seiner Wahl von der Ablagebank auf dem Spielplan.

Der Spielstein kann völlig beliebig auf zwei benachbarten Feldern abgelegt werden, muss also weder an übereinstimmende Farbsymbole noch an andere Spielsteine angrenzen.

4. Anschließend werden die Punkte auf die Wertungstafel übertragen. Dabei bewertet man immer beide Farbsymbole eines Steins in jeweils fünf Richtungen. Die Farbsymbole auf dem gerade neu angelegten Spielstein werden nicht mitgezählt. Das gilt auch für Steine mit zwei gleichen Farbsymbolen.

5. Für jedes in gleicher Richtung unmittelbar nebeneinander liegende Farbsymbol gibt es einen Punkt. Dabei gelten auch die auf dem Spielplan aufgedruckten Felder.

6. Wird mit einem Farbsymbol der Wert 18 auf der Wertungstafel erreicht, so erhält der Spieler einen Bonus und darf einen zusätzlichen Spielstein ablegen. Wem es gelingt, mit allen sechs Wertungssteinen den Wert 18 zu erreichen, gewinnt sofort.

7. Wer an der Reihe ist, muss einen Stein ablegen, auch wenn er dabei keine Punkte erzielen kann.
8. Am Ende eines Zuges ergänzt der Spieler seine Steine auf der Ablagebank aus dem Beutel. Alle seine Spielsteine austauschen, darf derjenige, der keinen Stein mit dem Farbsymbol besitzt, das sich momentan auf seiner Punktetafel ganz unten befindet.
9. Das Spiel endet, wenn kein Spielstein mehr gelegt werden kann. Es gewinnt der Spieler, „dessen niedrigste Punktzahl höher liegt als die niedrigste Punktzahl seiner Mitspieler".

Varianten

• Bei dem Teamspiel für vier Spieler bilden je zwei Spieler eine Mannschaft und setzen sich gegenüber.

• Jedes Team benutzt eine Punktetafel in doppelter Länge. Im Spiel können offene Absprachen zugelassen werden.

• Ziel eines Solospiels ist es, den höchstmöglichen Punktestand für den am niedrigsten positionierten Wertungsstein zu erzielen. Dabei werden nur die weißen Felder des Plans genutzt sowie eine Wertungstafel von doppelter Länge. Es wird keine Ablagebank verwendet, sondern Stein für Stein aus dem Beutel gezogen. Bonuszüge gibt es im Solospiel nicht.

Einfach Genial, Kosmos Verlag, Stuttgart.

Carcassonne

- Zahl der Spieler: zwei bis fünf
- Schwierigkeitsgrad: ●●●●●●●○○

Keine Punkte mehr auf den Steinen? Das lassen sich eingefleischte Dominospieler ja noch gefallen. Aber wenn statt Steinen kleine quadratische Pappkärtchen im Spiel sind, ist bei den meisten doch schon die Schmerzgrenze erreicht, wenn nicht überschritten. Die Rede ist von *Carcassonne*.
Die Frage, ob man hier noch von einer Dominovariante sprechen kann, ist eindeutig zu bejahen. Autor Klaus-Jürgen Wrede schlägt gleich zwei Brücken: die eine in Richtung Gesellschaftsspiel, die andere in Richtung Puzzle. Und die Freunde des Legespiels nehmen diesen Geniestreich freudig auf. Das Grundspiel ging millionenfach über die Ladentische. Eine ganze *Carcassonne*-Familie mit Ergänzungs- und Erweiterungssets sowie Spielvarianten fächert die Grundstruktur zu immer neuen Spielerlebnissen auf.
Die 72 Landschaftskarten des Grundspiels zeigen Stadtteile, Straßenabschnitte, Kreuzungen, Wiesenstücke und Klostergebäude. Mit ihren vier Seiten müssen sie immer nach logischen Kriterien aneinander gelegt werden: Wiese an Wiese, Stadtteil an Stadtteil usw. Natürlich müssen auch die Straßen fort-

geführt werden, bis sie in einer Stadt, in einem Kloster oder an einer Kreuzung enden. Ritter, Wegelagerer, Bauern und Mönche bevölkern allmählich die südfranzösische Festungslandschaft rund um Carcassonne.

Den Spielern wird schnell klar: Überall geht es zur Sache und man muss gut aufpassen, dass man nicht untergeht. Jeder Spieler verfügt über acht Gefolgsleute einer Farbe. Eine Figur kann als Bauer auf ein Wiesenstück postiert werden, das gerade abgelegt wurde, oder als Wegelager auf einer Straße sowie als Ritter auf einem Festungsteil.

Die Spielregeln

1. Eine besonders gekennzeichnete Startkarte wird zu Beginn in die Tischmitte gelegt. Die übrigen Landschaftskarten werden gemischt und so in Stapeln platziert, dass jeder Spieler sie bequem erreicht.
2. Wer an der Reihe ist, nimmt eine Karte vom Stapel seiner Wahl und legt sie an die Startkarte an. Wenn er will, kann er anschließend einen Gefolgsmann aus seinem Vorrat auf die soeben angelegte Karte setzen.
3. Er muss dabei entscheiden, ob er seinen Gefolgsmann als Bauer auf die Wiese, als Ritter in die Stadt, ins Kloster oder als Wegelager auf die Straße setzt.
4. Sobald durch das Anlegen der Karte eine fertige Stadt oder Straße entstanden oder ein Kloster von Wiesenflächen umgeben ist, findet eine Wertung statt.
5. Punkte gibt es nur für den Spieler, der in einem fertig gestellten Bereich einen eigenen Gefolgsmann postiert hatte.
6. Stehen mehrere Gefolgsleute in einer Stadt oder auf einer abgeschlossenen Straße, erhält der Spieler mit den meisten Gefolgsleuten die Punkte. Bei Gleichstand erhalten alle die volle Punktzahl.
7. Ritter, Äbte oder Wegelagerer kehren nach der Wertung umgehend wieder zu ihrem Spieler zurück. Die Äbte dagegen bleiben das ganze Spiel über auf den Wiesen. Ihre Herrschaften können erst am Ende des Spiels ihre Punkte bekommen.
8. Das Spiel endet, wenn die letzte Landschaftskarte gelegt wurde. Dann erfolgt eine Schlusswertung, bei der zunächst die Punkte

für alle nicht fertig gestellten Straßen, Städte und Klöster ermittelt werden.
9. Jede fertige Stadt bringt den Bauern Punkte, deren Wiese an die jeweilige Stadt grenzt. Sind gleich viele Landwirte um eine Stadt versammelt, erhalten wieder alle die gleiche Punktzahl.
10. Der Spieler mit den meisten Punkten gewinnt das Spiel.

Carcassonne, Hans-im-Glück Verlag, München.

Ta Yü

- **Zahl der Spieler:** **zwei bis vier**
- **Schwierigkeitsgrad:** ●●●●○○○○○

Der in Florenz lebende holländische Spieleautor Niek Neuwahl dachte sich gleich zwei Neuerungen für die Dominosteine aus. Er nahm zunächst einmal eine Idee von Ken Garland auf, die dieser in seinem Legespiel *Contact* 1984 zum ersten Mal umsetzte. Auf kleinen viereckigen Kärtchen waren dort Linien und Doppellinien aufgedruckt, die im Spiel zu einem fortlaufenden Netzwerk verbunden werden müssen.
Auch für das Spiel *Ta Yü* wurden statt der gewohnten Zeichen, Zahlen oder Buchstaben Dominosteine mit aufgedruckten Linien angelegt, den Kanälen. Das klingt simpel, ist aber raffiniert umgesetzt und ästhetisch wunderbar gelungen. Jeder Stein besteht sozusagen aus drei Quadraten, an denen sich außen acht Kantenbereiche befinden. Von diesen acht Kanten sind auf jedem Stein genau drei durch einen Kanal verbunden. Jeder der 112 Spielsteine hat also drei Mündungen, an die im Spiel angelegt werden kann.
Aber fast noch wichtiger als diese raffinierte und einfache Lösung bei der Gestaltung der Steine ist, dass es Niek Neuwahl gelang, dem abstrakten Dominospiel über eine sehr fantasievolle Hintergrundgeschichte eine neue Lebendigkeit zu verleihen.
Ta Yü, so fabuliert er in seiner Spielregel, ist der Name einer legendären chinesischen Sagengestalt: *„Er rettete das Reich der Mitte vor einer Sintflut – aber nicht dadurch, dass er, wie Noah, eine Arche baute; vielmehr durchzog er das ganze Land mit einer Vielzahl von Kanälen und versuchte so, die gewaltigen Wassermassen aus dem Inneren des Landes ins weite Meer abzuleiten.“*

Die Spielregeln

Im Spiel selbst geht es dann auch darum, mit Kanälen, also mit den Linien der Steine, das Land auf dem Spielplan so zu durchziehen, dass immer wieder Verbindungen zum offenen Meer am Spielfeldrand entstehen. Dieser Hintergrund ist für das Spielgeschehen wichtig und wird durch die gelungene Grafik gestützt, so dass er während einer Spielrunde stets präsent bleibt.

1. Zur Vorbereitung des Spiels werden alle 112 Steine verdeckt gemischt und anschließend neben dem Spielfeld zu einem Vorratsblock aus 16 Stapeln aufgebaut.

2. Im Spiel muss reihum immer ein Stein von einem der zwei vorderen Stapel aufgenommen und anschließend offen auf dem Spielplan so angelegt werden, dass er dort genau drei Felder abdeckt.

3. Der Spieler hat die freie Wahl, welchen Kanal er weiter ausbauen will. Er kann also an jeden bereits liegenden Stein anlegen.

4. Bedingung für das Anlegen: Dabei wird mindestens ein bereits vorhandener Kanal weitergeführt und keine Mündung wird durch eine leere Kante zugebaut. Außerdem darf kein Stein die Küstenlinie (Spielfeldrand) überschreiten.

5. Ein einmal aufgenommener Stein muss immer angelegt werden, auch wenn der Stein für den Spieler ungünstig ist oder vielleicht sogar einem Mitspieler hilft.

6. Das Spiel endet, sobald beide Spieler feststellen, dass für einen aufgenommenen Stein kein gültiger Platz mehr auf dem Spielfeld frei ist. Dann werden die Punkte für die Wertung ermittelt.

7. Jeder Kanal, der am Spielfeldrand ins Meer hinausführt, bringt einen Punkt, an bestimmten Sektoren sogar Doppelpunkte. Die Summe der einen Küste wird mit der Summe der anderen multipliziert.

8. Es gewinnt der Spieler, der das höhere Gesamtergebnis erzielt hat.

Varianten

- Beim Spiel für drei Spieler wird zu Beginn die Rolle eines „Störenfrieds“ ausgelost, die dem Spieler mit dem niedrigsten Angebot zufällt. Er gewinnt nur dann, wenn keiner der beiden anderen Spieler sein Gebot (zum Beispiel 15 Punkte) erreicht. Gewinnt er nicht, so ist der Spieler mit der höchsten Punktzahl der Sieger.
- Im Partnerspiel für vier Spieler werden zwei Teams gebildet, deren Mitglieder einander gegenübersitzen. Züge dürfen nicht abgesprochen werden. Geschieht das doch, darf der linke Nachbar den aufgenommenen Stein setzen.
- Die Profivariante für zwei Spieler beginnt, indem jeder Spieler zunächst einen Stein vom Vorratsblock aufnimmt und offen vor sich hinlegt. Wer an der Reihe ist, nimmt einen zweiten Stein dazu und legt ihn ebenfalls offen vor sich hin. Bei jedem Zug stehen so zwei Steine zur Auswahl.

Ta Yü, Kosmos Verlag, Stuttgart.

Dominotheorie und Domino Day

Am 7. April 1954 stellte US-Präsident Dwight David Eisenhower in einer damals viel beachteten Rede die Dominotheorie auf: Wenn ein Staat „falle“, d.h. kommunistisch werde, so sei unvermeidlich, dass auch die Nachbarstaaten den Kommunisten in die Hände fielen. Er verwies dazu auf senkrecht in einer langen Reihe hintereinander aufgestellte Dominosteine. Sobald ein einzelner Stein kippt, löst das eine Kettenreaktion aus, weil immer ein Stein den nächsten umstößt. Die Dominotheorie war eine der Grundlagen der damaligen Vietnampolitik. Nach wie vor strapazieren Politiker dieses anschauliche Bild, wenn es ihnen in das Konzept passt.

Die Amerikaner setzten bald auch spielerisch um, was zunächst nur dazu dienen sollte, angeblich unabwendbare politische Zwänge zu begründen. Aus ein paar rasselnd flach fallenden Steinchen wurden mehr und mehr. Bis ein kluger Kopf auf die Idee kam, so viele Klötzchen zu Fall zu bringen, dass es für einen Eintrag ins Guiness-Buch der Rekorde reichte. Und in der Tat: Seit 1976 sind unter dem Stichwort Domino-Topple jährlich neue Weltrekorde zu finden.

Doch mehr noch als die jeweils beeindruckende Zahl von noch mehr Dominosteinen trug wohl die spektakuläre Panne bei, die bei dem Rekordversuch vom 9. Juni 1978 nicht nur Bob Speca Jr., sondern auch den Presse-Fotografen Manny Alperts weltweit in die Presse brachte.

Speca, ein junger Astronom an der Universität von Pennsylvania, gehörte zu den großen Champions der ersten Stunde. Zehn Tage lang hatte Speca sich abgemüht, 100.000 Dominosteine zu einem wahren Kunstwerk zu arrangieren. Etwa eine halbe Stunde, so hatte er berechnet, dauere es, bis auch der letzte Stein umgefallen sei.

Alles wartete auf den spannenden Moment des Anstoßes. Da begab sich besagter Fotograf auf den Balkon des Saals, um die Sache aus der Vogelperspektive festzuhalten. Er beugte sich über die Brüstung – und eröffnete in diesem Moment unfreiwillig ein Programm, das eigentlich erst viel später beginnen sollte. Beim Vorbeugen fiel ihm nämlich sein Presseausweis aus der Brusttasche. Er landete in Bob Specas Dominogarten und die Post ging an einer Stelle ab, die dazu eigentlich nicht vorgesehen war. Statt glatten 100.000 fielen deshalb bei dem Rekordversuch nur 97.500 Steine um. Die restlichen 2.500 hatte Manny Alperts auf dem Gewissen. Dass der Schaden nicht noch viel größer ausgefallen war, lag daran, dass ein paar Stellen sicherheitshalber ausgespart und noch nicht ausgefüllt, also „scharf gemacht“ worden waren. Doch weil nicht nur die Amerikaner, sondern auch der Rest der Welt Anlass zu ein wenig Schadenfreude hatte, wurde der spleenige Versuch, immer noch mehr Steine flachzulegen, bald zur regelrechten Mode. Schon kurze Zeit nach Specas Versuch, die Schallgrenze einer sechsstelligen Zahl zu durchbrechen, stellte der 23-jährige englische Architekt Michael Cairny mit 169.713 Steinen alles bisher Gewesene in den Schatten. Man muss sich das auf der Zunge zergehen lassen: Ausgerechnet ein Architekt, der ja eigentlich stabile Gebäude entwerfen sollte, schuf etwas, das nur zur alsbaldigen Zerstörung diente. Insgesamt 13 Tage hatte es gedauert, um alle Steine aufzustellen. Die Reihe war 6,9 Kilometer lang und fiel mit einer Geschwindigkeit von 3,6 Kilometern pro Stunde. Das ist das Tempo eines zügig gehenden Spaziergängers. Speca betrachtete das als Fehdehandschuh und verkündete 1.111.111 Domino-Steine als nächstes Ziel ...

Im Laufe der Zeit entwickelten sich originelle Gags. Da arbeitete sich zum Beispiel die Kette der kippenden Steine eine Rampe hinauf: Plumpst der letzte Stein in die Tiefe, löst er dort eine neue Kettenreaktion aus. Mit farbigen Steinen setzten Tüftler Gebilde auf, die, wenn sie umgefallen waren, prächtige Bilder ergaben. Mittlerweile scheut man auch nicht davor zurück, Markenzeichen oder Firmensymbole einzubauen. Werbung macht ja vor nichts Halt. Und es zeigt sich immer wieder, dass der spielerischen Fantasie kaum Grenzen zu setzen sind.

Die Latte wurde immer höher gesetzt. Was zunächst nur arbeitsintensives Hobby eines Einzelkämpfers war, entwickelte sich bald zu einer ausgeklügelten Teamarbeit. Als der Domino Day eingeführt wurde, erhielt das aufwändige Spiel mit dem Dominoeffekt einen Namen, der leichtes Wiedererkennen sicherte.

Domino Day – Die Rekordmarken schnellten nach oben:

1998 Domino Day in Leeuwarden, Holland: 1.605.757 umgefallene Steine

1999 Domino Day 1999 in Zuidlaren, Holland: 2.472.480 umgefallene Steine

1999 China & Japan in Beijing, China: 2.751.518 umgefallene Steine

2000 Domino Day in Zuidlaren, Holland: 2.977.678 umgefallene Steine

2000 China & Japan & South Korea in Beijing – China: 3.407.535 umgefallene Steine

2001 Domino Day in Maastricht, Holland: 3.540.562 umgefallene Steine

2002 Domino Day in Leeuwarden, Holland: 3.847.295 umgefallene Steine

2004 Domino Day in Leeuwarden, Holland: 3.992.397 umgefallene Steine

2005 Domino Day in Leeuwarden, Holland: 4.002.136 umgefallene Steine

Wenn Spatzen für Aufruhr sorgen

Der Rekordversuch 2005 war besonders aufwändig angelegt. Der Auslöser war zwar leicht, hatte aber die für einen Dominostein beeindruckende Fläche von zwei Quadratmetern. Damit sollte Popstar Anastasia die längste Kettenreaktion der Welt in Gang setzen. Thema der Bilder aus den kleinen Plastiksteinen waren Mythen, Märchen, Erzählungen und Figuren aus der Weltliteratur. Es sollte spektakuläre Ansichten von Noahs Arche, Pinocchio, Robin Hood, Troja, Faust, Jules Verne oder dem Glöckner von Notre Dame geben. Doch nur wenige Tage vor dem Ereignis passierte Ähnliches wie seinerzeit bei Bob Specas Aufbau. Diesmal war es allerdings nicht die herunterflatternde Pressekarte, die alle in Aufruhr brachte, sondern ein kleiner Spatz, der in der großen Halle umherschwirrte. Wie er hinein gekommen war, konnte sich niemand erklären. Der Vogel hatte in der Halle Panik unter dem Aufbauteam ausgelöst, denn schließlich war das Ergebnis einer harten, konzentrierten Arbeit von drei Monaten in Frage gestellt. Wie befürchtet, löste der kleine Vogel tatsächlich eine Kette aus: 23.000 Steine in mehreren, bereits verbundenen Feldern kippten um. Die Organisatoren wussten sich nicht anders zu helfen, als einen Jäger zu rufen, der dem armen Vögelchen mit einem Flintenschuss den Garaus machte. Das wiederum rief die Tierschützer auf den Plan, die den Vogelmord grausam und überflüssig fanden. Ihrem Argument, man würde ja auch nicht gleich jedes Mitglied des Aufbauteams erschießen, das versehentlich eine Kettenreaktion in Gang gebracht hatte, war allerdings auch nicht viel entgegenzusetzen.

Da ein Termin für die Übertragung im Fernsehen ja nicht einfach verschoben werden konnte, war in der Folge die Zeit knapp. Mit vielen Überstunden wurde alles in fieberhafter Eile wieder aufgebaut: Insgesamt waren es 4.321.000 Steine. Bis zum Ende blieb allerdings unklar, ob der Weltrekord überhaupt zustande käme, da viele Felder nicht komplett zu Fall gebracht wurden. Aber es reichte, wenn auch knapp; die Schwelle von vier Millionen umgefallenen Steinen war geschafft! Und die Jagd nach Rekorden wird weitergehen. Grenzen setzen kann nur die Größe einer erschütterungsfreien Halle, in der kein starker Luftzug herrscht. Und in der sich weder Pressefotografen über eine Brüstung lehnen, noch Vögel herumflattern …

Kapitel Fünf

Domino-Logicals: Harte Nüsse

Dominosteine reizen zum Experimentieren. Das liegt an der Besonderheit, dass jede Augenzahl – dazu gehört auch die Null – auf einem der beiden Felder immer Hand in Hand mit einer anderen Zahl einhergeht. Zudem kommt in einem normalen Dominoset jede Zahlenkombination nur einmal vor. Rätselfreunde haben entdeckt, dass sich daraus ausgezeichnete Hirnverzwirner und Kopfnüsse ableiten lassen. Die Rätsel in diesem Kapitel stammen aus ganz unterschiedlichen Schubladen, zum Beispiel Mathematik, Irrgarten oder Flächenaufteilung.

Wer von den vielen Dominospielen etwa ein halbes Dutzend ausprobiert hat und daran auch noch Vergnügen fand, für den ist jetzt jede weitere Erklärung überflüssig. Denn er ist zwangsläufig schon der geheimnisvoll-verspielten Vielfalt erlegen.

Fast alle der folgenden Kopfnüsse sind, je nach Temperament und Gewohnheit, durch Experimentieren oder kühle Logik auf beiden Wegen zu lösen. Das spiegelt sich auch in den Lösungen wieder. Bei einigen ist der Weg sehr ausführlich in kleine Schritte zerlegt, bei anderen ist nur das Resultat festgehalten. Logische Zergliederungen sollen beispielhaft zeigen, wie man solche Probleme knacken kann, ohne sich in die Niederungen des Probierens zu begeben. Aber Domino ist in erster Linie ein Spiel. Wir hatten nicht die geringste Lust, ein Lehrbuch der Mathematik oder eine Betriebsanleitung für den Denkapparat zu liefern. Und deshalb, wie gesagt, sind die Lösungen so unterschiedlich aufgebaut.

Einige Probleme sind recht einfach. Andere, wie wäre es auch sonst denkbar, sind geeignet, schlaflose Nächte zu bereiten oder den verstohlenen Blick in den Lösungsteil geradezu heraufzubeschwören. Andererseits soll es ja Leute geben, die solche Rettungsanker strikt als unter ihrer Würde ablehnen. Ob Sie lieber kühl analysieren oder spielerisch probieren: Spaß machen diese spannenden Logicals in jedem Fall!

Verteiler

• Schwierigkeitsgrad: ●●●●●○○○○

Ein paar Augen sind in dieser Figur vorgegeben. Das ist immerhin eine Hilfe. Doch die restlichen Steine des Dominospiels sollen noch eingesetzt werden. Die Aufgabe: Die Dominosteine sind so zu verteilen, dass waagerecht und senkrecht in jeder Reihe, auch in den kürzeren Randreihen, jeweils 21 Augen liegen.

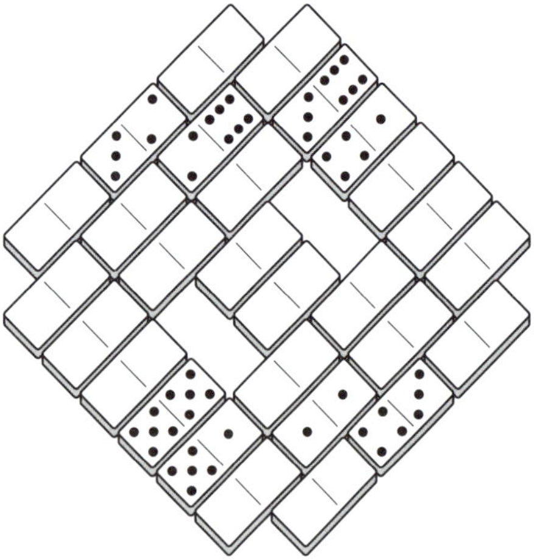

Lösung 1 – Seite 114

Herz und Karo

• Schwierigkeitsgrad: ●●●●●●○○○

Dieses Problem sieht zunächst viel schwieriger aus als das vorhergehende. Dies liegt daran, dass die vielen Symbole auf den ersten Blick etwas verwirren. Doch die Lösung ist viel schneller gefunden, sobald man sich ein wenig mit den Symbolen beschäftigt. Dass gleiche Bildzeichen gleiche Augenzahlen darstellen, versteht sich ja fast von selbst. Wie bei der vorhergehenden Aufgabe stehen in jeder senkrechten und waagerechten Reihe, einschließlich der Randreihen, 21 Augen.

Lösung 31 – Seite 131

Karo und Pik

• Schwierigkeitsgrad: ●●●●●●○○○

Das Thema bleibt, das Muster wechselt. Gleiche Symbole stellen gleiche Augenzahlen dar. Senkrecht und waagerecht soll die Summe der Augenzahlen immer 21 ergeben.

Lösung 10 – Seite 119

Pik und Kreuz

• Schwierigkeitsgrad: ●●●●●●○○○

Und noch einmal ein Symbol-Spiel. In jeder senkrechten und jeder waagerechten Reihe stehen so viele Augen, dass ihre Summe 21 ergibt. Das gilt auch für die unterbrochenen Randreihen. Gleiche Symbole stellen gleiche Augenzahlen dar.

Lösung 19 – Seite 125

Spiel im Dämmerlicht

• Schwierigkeitsgrad: ●●●●●○○○○

Stellen Sie sich vor, die Schachtel mit dem ganzen Domino-Spiel sei auf den Teppich gefallen. Und wie der Zufall nun mal spielt, liegen die Steine alle mit den Augen nach oben, hübsch säuberlich im Rechteck. Doch das Licht ist schon so matt, dass man zwar noch die hellen Augen, nicht aber mehr die Randbegrenzungen der einzelnen Steine erkennen kann.

Die Aufgabe: Das Rechteck soll so aufgeteilt werden, dass der komplette Satz erkennbar wird.

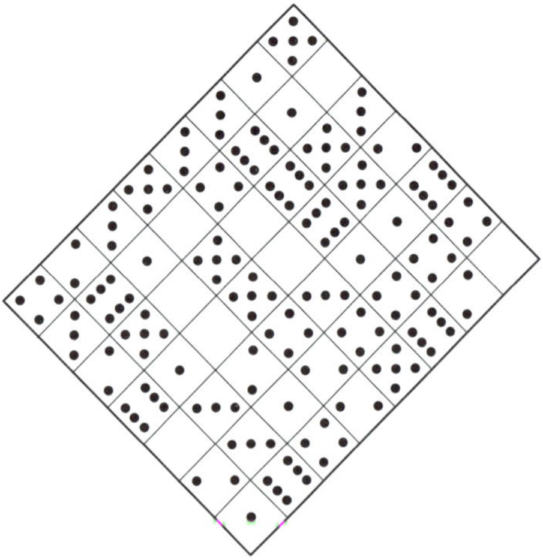

Lösung 27 – Seite 129

Noch ein Spiel im Dämmerlicht

• Schwierigkeitsgrad: ●●●●●●●●●

Bei der vorhergehenden Aufgabe war es gar nicht weiter schwierig, die senkrecht von den waagerecht liegenden Steinen zu unterscheiden, denn wie ein Stein liegt, erkennt man ja daran, wie Zweier, Dreier und Sechser ausgerichtet sind. Anders wird es schon, wenn die Augen nur noch als Zahlen wiedergegeben werden. Hier ist also wieder einmal die Dominoschachtel auf den Teppich gepurzelt. Wieder liegen die Steine, wie es der Zufall so will, fein ordentlich im Rechteck. Und wieder ist das Dämmerlicht so matt, dass die Randbegrenzungen der einzelnen Steine nicht mehr erkennbar sind.

Die Aufgabe: Das Rechteck soll so aufgeteilt werden, dass der komplette Dominosatz erkennbar wird.

Dieses Problem ist sehr schwierig. Deshalb eine kleine Lösungshilfe: Beginnen Sie mit den Doppelsteinen! Zwei davon sind in der Abbildung markiert.

3	4	0	0	2	2	1	4
0	1	0	1	2	6	6	4
0	0	3	5	6	1	4	0
4	1	2	2	6	4	5	6
3	1	5	0	6	4	1	4
3	1	3	2	3	2	3	5
5	6	3	6	5	2	5	5

Lösung 6 – Seite 117

Viererblöcke

• Schwierigkeitsgrad: ●●●●○○○○○

Bei dieser Aufgabe sollen die Dominosteine so angeordnet werden, dass immer vier gleiche Steine in einem Viererblock liegen.

Beispiel

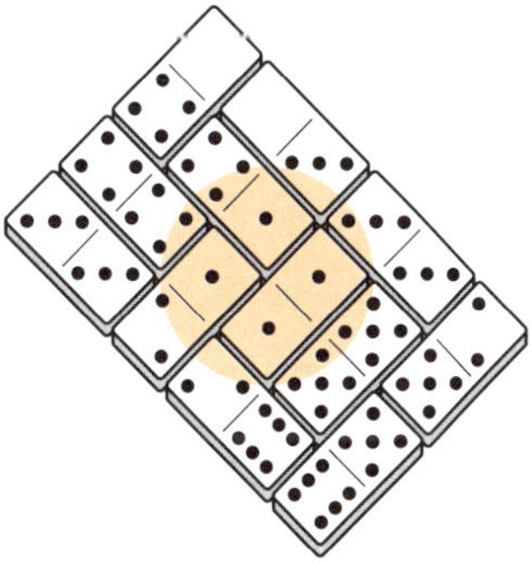

Außerdem ist die Summe der Augen für die senkrechten und waagerechten Reihen vorgegeben. Das scheint auf den ersten Blick eine Erschwernis zu sein, ist aber in Wirklichkeit eine Hilfe.

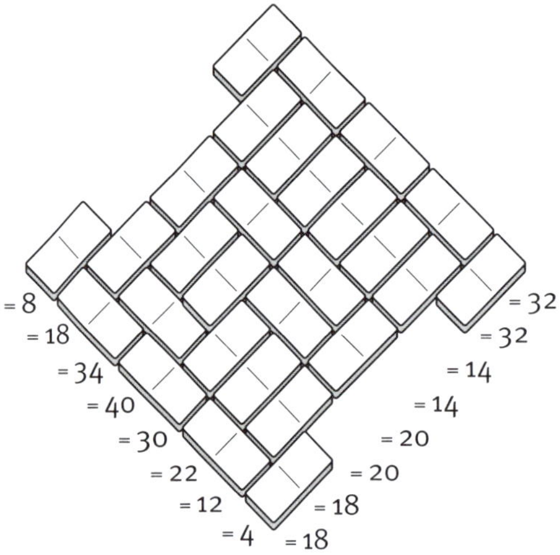

Lösung 43 – Seite 137

Einsetzen

• **Schwierigkeitsgrad:** ●●○○○○○○○

Hier sind vier Doppel-Nullen im Spiel. Es handelt sich aber in Wirklichkeit um ein normales Spiel, in dem kein Stein zweifach vorkommt. Es fehlen also Augen auf den Steinen. Die sollen gefunden werden.

Die Aufgabe: Wenn auf allen Steinen die fehlenden Augen richtig eingesetzt sind, so ergibt sich in den beiden waagerechten Reihen und aus den sechs untereinander liegenden Steinen jeweils eine Summe. Sie muss in allen drei Fällen gleich sein.

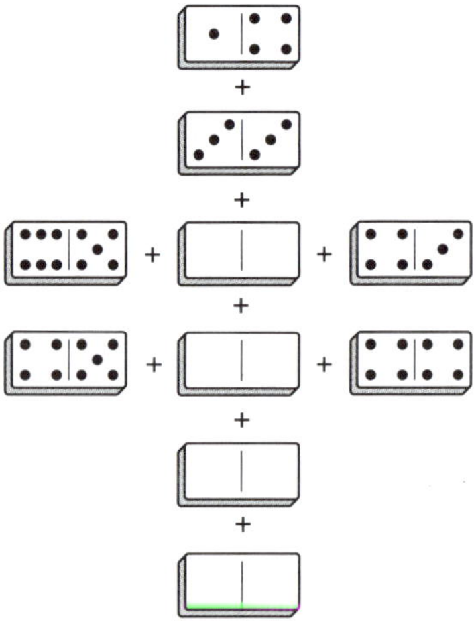

Lösung 21 – Seite 126

Drei Kreuze

• Schwierigkeitsgrad: ●●●●○○○○○

Diese Figuren sollen so gelegt werden, dass nur Felder mit gleichen Augenzahlen einander berühren.

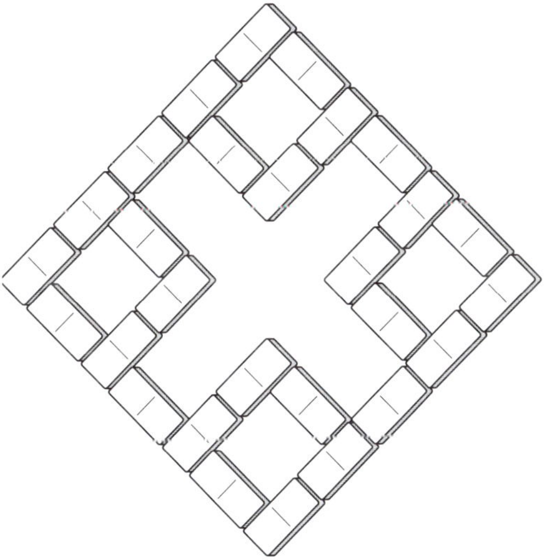

Lösung 2 – Seite 114

Lösung 11 – Seite 120

Lösung 18 – Seite 125

Drei Quadrate – zwei Rechtecke

• Schwierigkeitsgrad: ●●●●●○○○○

Die Dominosteine werden so angelegt, dass die aneinander stoßenden Augenzahlen immer passen. Versuchen Sie, die hier abgebildete Figur zu legen.

Lösung 16 – Seite 124

Bruchlinien im Rechteck

• Schwierigkeitsgrad: ●●○○○○○○○
und ●●●●●●●○○

Bei dem folgenden Problem spielen die Augen auf den Dominosteinen keine Rolle. Es geht vielmehr darum, sie in einer bestimmten Art und Weise auszulegen. Als Bruchlinie bezeichnet man bei diesem Problem eine Kante, bei der die Figur auseinander genommen werden kann, so dass wieder zwei Rechtecke entstehen.

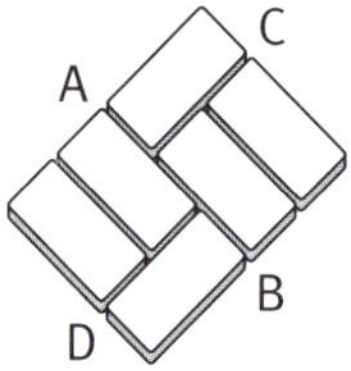

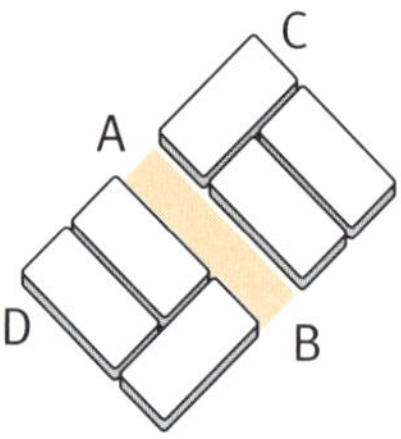

In dem Rechteck aus sechs Dominosteinen gibt es eine Bruchlinie von A nach B. Teilt man die Figur dieser Linie nach, so entstehen wieder zwei Rechtecke.

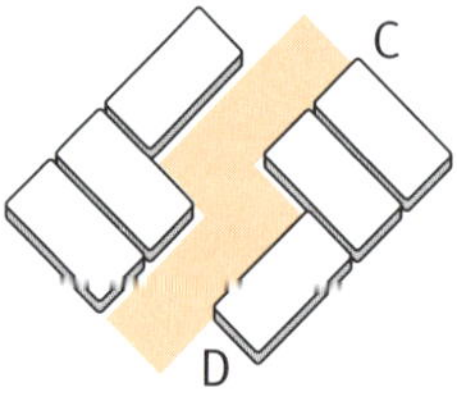

Die Verbindung von C nach D hingegen ist keine Bruchlinie.

Und nun die Aufgabe: Versuchen Sie das kleinste Rechteck zu finden, das keine Bruchlinien enthält. Wie viele Dominosteine benötigt man dazu? Und wie viele Steine sind mindestens erforderlich, um ein bruchlinienfreies Quadrat zu legen?

Lösung 23 – Seite 127

Dominosa

• Schwierigkeitsgrad: ●●●●●●●●●

Dieses Spiel, das aus einem Spielebuch um die Jahrhundertwende stammt, hat seinen kuriosen Namen von dem auch damals schon verstorbenen Bankdirektor O. S. Adler, der seine Anfangsbuchstaben dem Wort Domino anfügte. Man benötigt ein erweitertes Dominospiel von 0.0 bis 7.7. Die Steine sind bereits ausgelegt. Doch weil die Lage der Zweier, Dreier, Sechser oder Siebener einen Hinweis geben könnte, wie der jeweilige Stein liegt, sind die Augen durch Ziffern ersetzt. Die Aufgabe: Es soll herausgefunden werden, wie die Steine angeordnet sein müssen, damit alle Steine richtig liegen. Bei diesem Spiel wird übrigens die mathematische Struktur des Dominospiels wieder einmal deutlich sichtbar. Alle Ziffern sind in Dreiergruppen geordnet. In drei Reihen steigen die Ziffern fortlaufend von null bis sieben an. Und alle Nullwerte sind in einer Reihe zu finden.

0	7	7	7	3	3	3	1
0	2	2	2	6	6	6	1
0	4	4	4	2	2	2	1
0	6	6	6	5	5	5	7
0	1	2	3	4	5	6	7
0	1	2	3	4	5	6	7
0	1	2	3	4	5	6	7
0	3	3	3	4	4	4	7
0	5	5	5	1	1	1	7

Lösung 13 – Seite 121

Im Kittchen sind noch Zimmer frei

• Schwierigkeitsgrad: ●●●●●○○○○

Auf den ersten Blick gleichen sich einige der Zellengitter. Doch alle haben verschiedene Muster. Aneinander stoßende Augenfelder müssen stets passen.

Lösung 7 – Seite 117

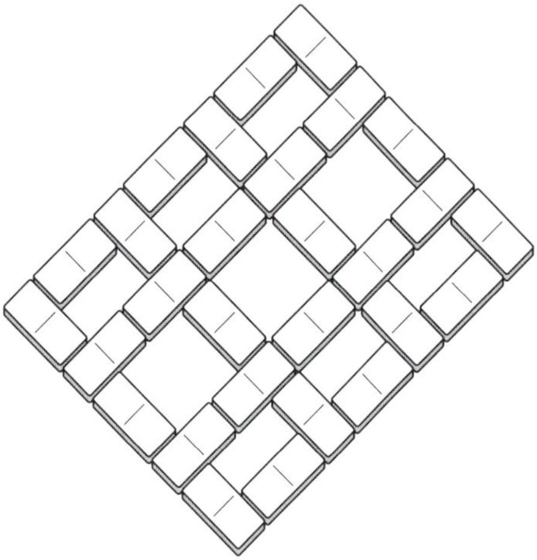

Lösung 9 – Seite 119

Lösung 15 – Seite 123

Lösung 25 – Seite 128

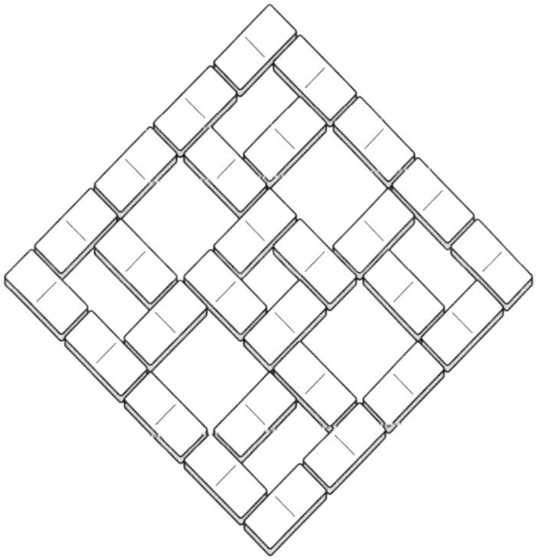

Lösung 29 – Seite 130

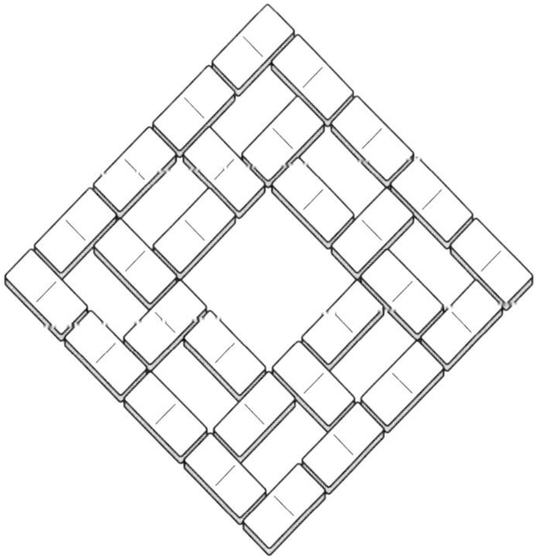

Lösung 32 – Seite 132

Erstes Dominorinth

• Schwierigkeitsgrad: ●●●●●●●○○

Das ist ein Dominolabyrinth. Man darf dabei nur waagerecht oder senkrecht laufen. Die Zahl der Schritte ergibt sich jeweils aus der Augenzahl, von der aus man geht. Von einer Vier aus darf man also vier Schritte weit gehen; nicht mehr und nicht weniger. Am nächsten Punkt angekommen darf man – muss aber nicht – die Richtung wechseln. Die Aufgabe: Es ist ein Weg durch das Dominorinth von links oben nach rechts unten zu suchen.

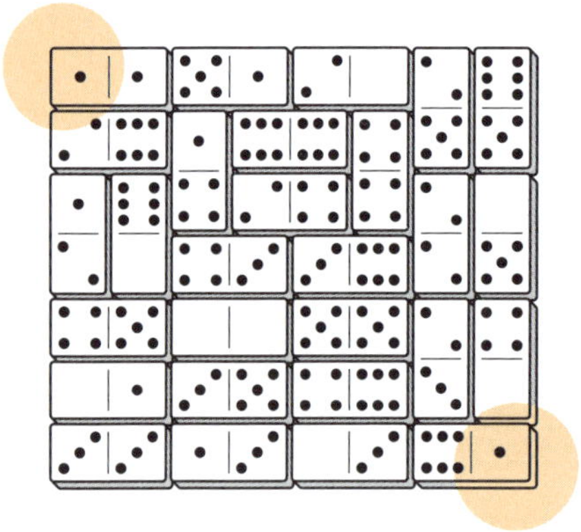

Lösung 22 – Seite 127

Zweites Dominorinth

• Schwierigkeitsgrad: ●●●●●●○○○

Der Weg von dunklem Feld zu dunklem Feld ist zu finden. Man darf nur dort von Stein zu Stein springen, wo gleiche Augenzahlen aufeinander treffen. Außerdem muss jeder Stein ganz, d.h. über beide Hälften, durchlaufen werden. Erst dann darf man auf den nächsten Stein überspringen. Einzige Ausnahme sind die quer liegenden Doppelsteine.

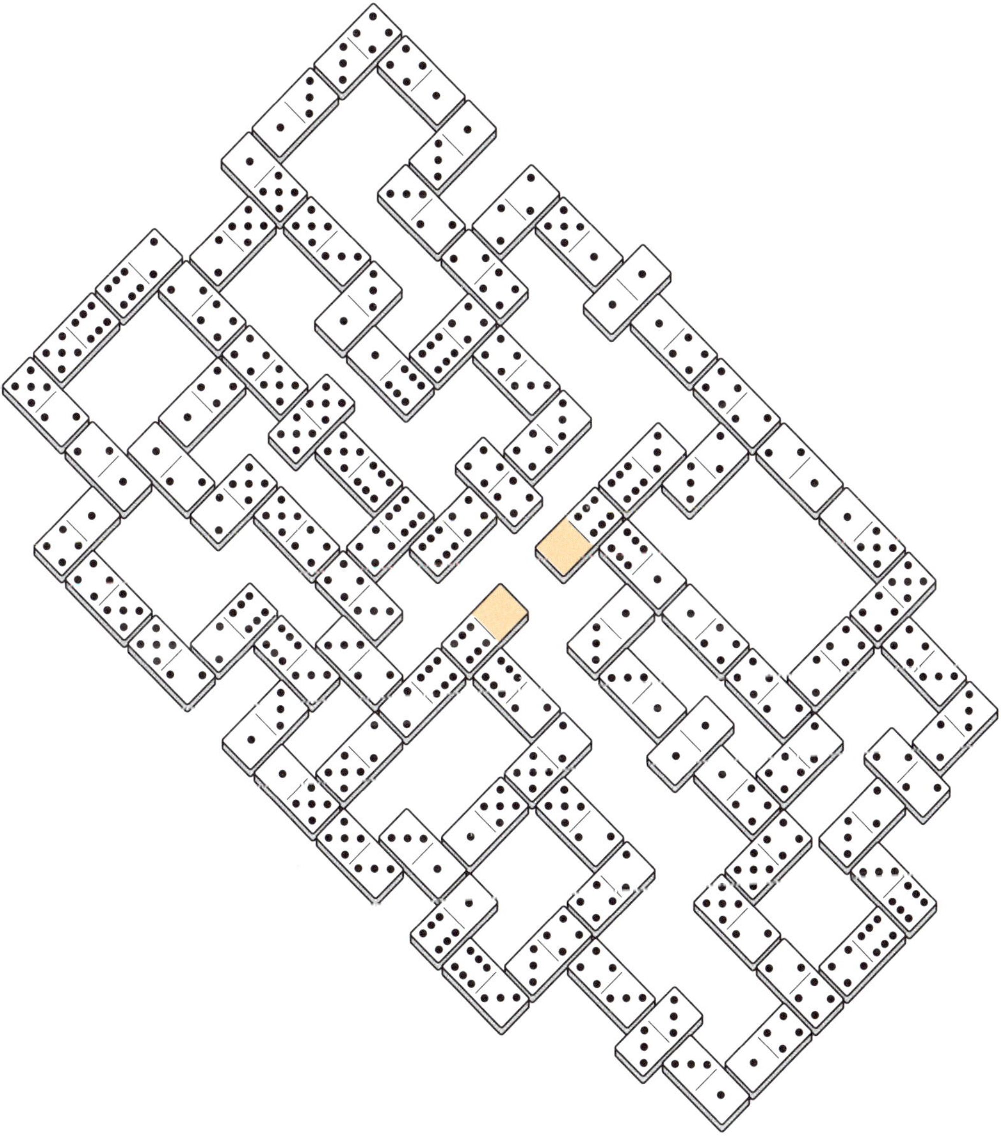

Lösung 5 – Seite 116

Drittes Dominorinth

• Schwierigkeitsgrad: ●●●●○○○○○

Auch hier ist der Weg von dunklem Feld zu dunklem Feld gesucht. Die Spielregeln bleiben unverändert: Jeder Dominostein muss ganz, also durch beide Hälften, durchlaufen werden, ehe man auf den nächsten Stein überspringen darf. Nur quer liegende Doppelsteine können direkt durchlaufen werden. Der Übergang von Domino zu Domino ist nur möglich, wo gleiche Augenzahlen aufeinander stoßen.

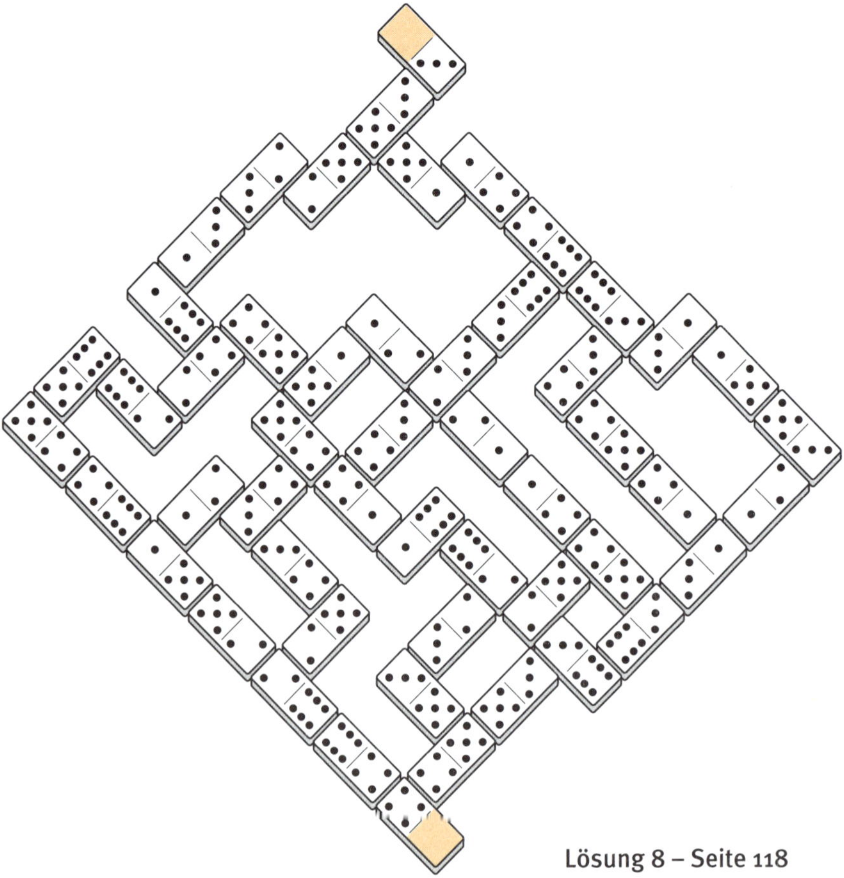

Lösung 8 – Seite 118

Triminorinth

• Schwierigkeitsgrad: ●●●○○○○○○

Durch diesen Irrgarten ist der Weg von rechts oben nach links unten, aber ebenso von links unten nach rechts oben zu suchen. Diese beiden Pfade sind verschieden. Das ergibt sich aus der Regel, nach der man vorrücken darf. Sie besagt, dass man immer so viele Schritte weit ziehen darf, wie das Feld, von dem man ausgeht, Augen hat. Aber das kennen Sie ja schon von dem *Ersten Dominorinth*.

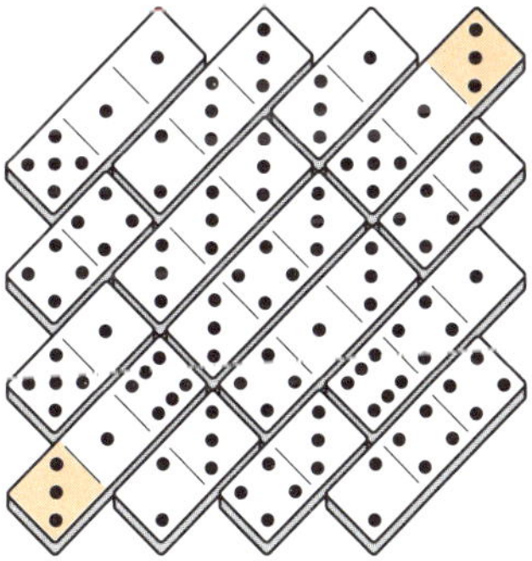

Lösung 4 – Seite 115

Dreiunddreißig

• Schwierigkeitsgrad: ●●●●●●●●○

Ein Dominoset wird so ausgelegt, dass waagerecht und senkrecht in jeder Reihe fünf Steine liegen. Da ein Dominospiel 28 Steine hat, bleiben drei übrig. Welche das sind, gilt es herauszufinden.

Die Aufgabe: Die Dominosteine sollen so angeordnet werden, dass sich waagerecht und senkrecht in jeder Reihe, aber auch über die beiden Diagonalen die Summe 33 ergibt.

Lösung 8 – Seite 130

Das Magische Quadrat

• Schwierigkeitsgrad: ●●●●●●●○○

Aus diesen acht Steinen lässt sich ein *Magisches Quadrat* legen. Die Aufgabe: Wenn die Steine richtig liegen, ergeben die zusammengezählten Augen in jeder waagerechten und jeder senkrechten Reihe, aber auch in den beiden Diagonalen die Summe 15, so wie hier in der unteren waagerechten Reihe.

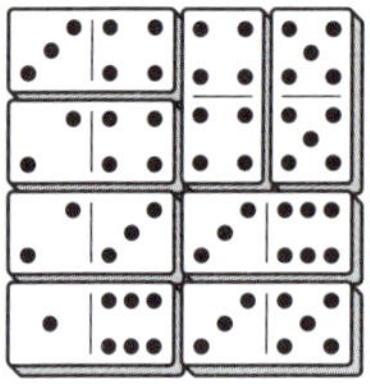

1 + 6 + 3 + 5 = 15

Lösung 14 – Seite 123

Quicky

• Schwierigkeitsgrad: ●●○○○○○○○

Ein *Quicky* ist ein kleines Problem, zu dem die Lösung ganz schnell gefunden ist. Diese Nuss kann im Kopf geknackt werden. Aber natürlich kann man die Antwort auch durch Ausprobieren finden.

Die Aufgabe: Legt man die 28 Steine eines Dominospiels zu einer Kette, so dass immer gleiche Augen aneinander stoßen, so bleibt auf einer Seite eine bestimmte Augenzahl übrig. Nehmen wir an, es sei die Vier. Lässt sich nun mit Bestimmtheit sagen, welche Zahl am anderen Ende der Kette liegen wird?

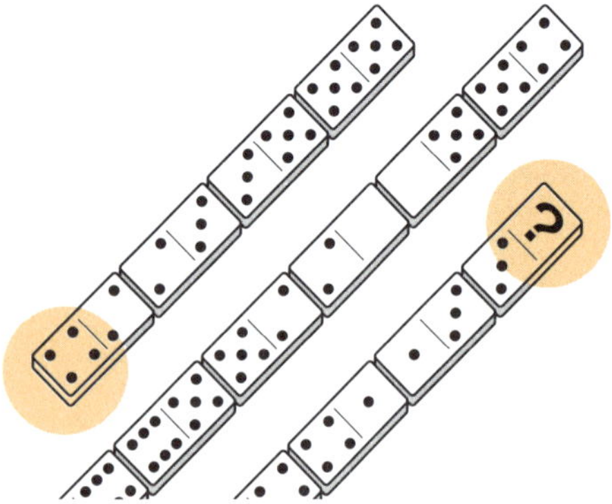

Lösung 34 – Seite 133

Pythagoras 1

• Schwierigkeitsgrad: ●●●●●○○○○

Nach dem Lehrsatz des Pythagoras gleicht die Summe der beiden Kathetenquadrate eines rechtwinkligen Dreiecks dem Hypotenusen-Quadrat. Kurz: $a^2 + b^2 = c^2$.

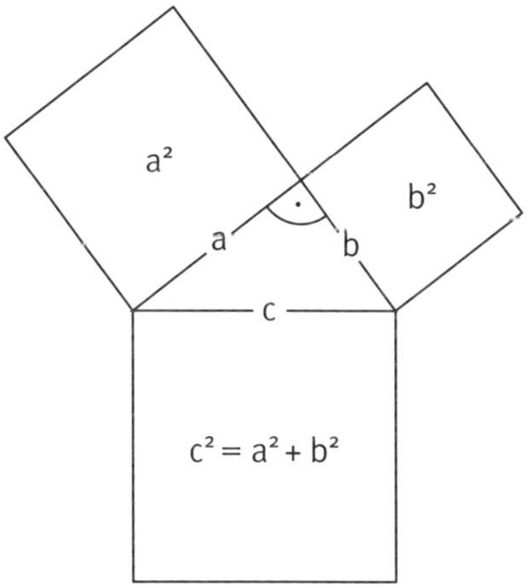

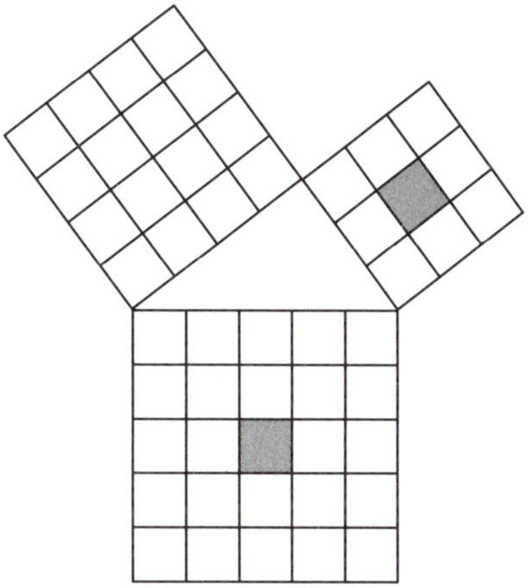

Weil das Quadrat über einer Hypotenuse mit der Länge 5 eine ungerade Zahl ergibt, lassen sich mit Dominosteinen nicht alle 25 Felder bedecken. Gleiches gilt für einen Schenkel mit der Länge 3. In beiden Fällen bleibt ein Feld frei. Es geht bei diesem Problem nicht um eine lückenlose Fläche, sondern um die Augenzahlen der Dominosteine. Die Summe der Augen in den beiden kleinen Quadraten soll gleich der Augenzahl im großen Quadrat sein. Das große Quadrat enthält insgesamt 75 Augen. Die Summe der Augen der beiden kleinen Quadrate ergibt ebenfalls 75. Die Dar-

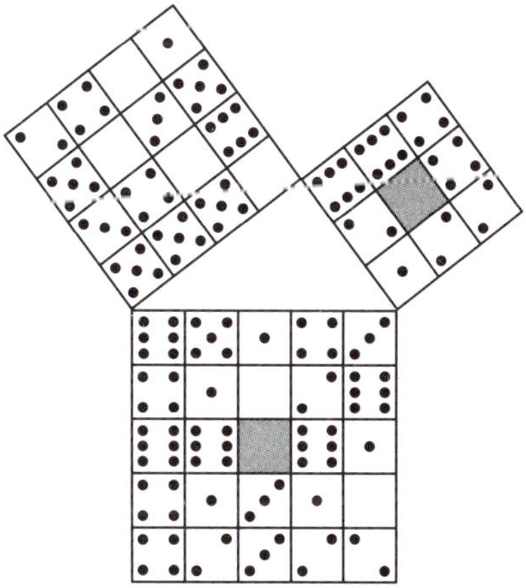

stellung enthält 24 Steine. Die Ausrichtung der Augen bei Zweiern, Dreiern und Sechsern kann stimmen, kann aber auch verdreht sein. Welche vier Steine bleiben übrig?

Lösung 38 – Seite 135

Pythagoras 2

• Schwierigkeitsgrad: ●●●●●○○○○

Für das Problem gibt es weitere Lösungen! Einzige Bedingung: Die Augenzahl im großen Quadrat ist gleich der Summe der Augen in den beiden kleineren Quadraten.

Fünfzehn längs und quer

• Schwierigkeitsgrad: ●●●○○○○○○

Die Steine sind so umzusetzen, dass die Summe der Augen sowohl in jeder der drei waagerechten Zeilen als auch in den drei senkrechten Spalten immer 15 ergibt.

Lösung 47 – Seite 140

Achtzehn im Quadrat

• Schwierigkeitsgrad: ●●●●○○○○○

Diesmal sind die Steine so anzuordnen, dass die Summe der Augen auf allen vier Seiten stets 18 ergibt.

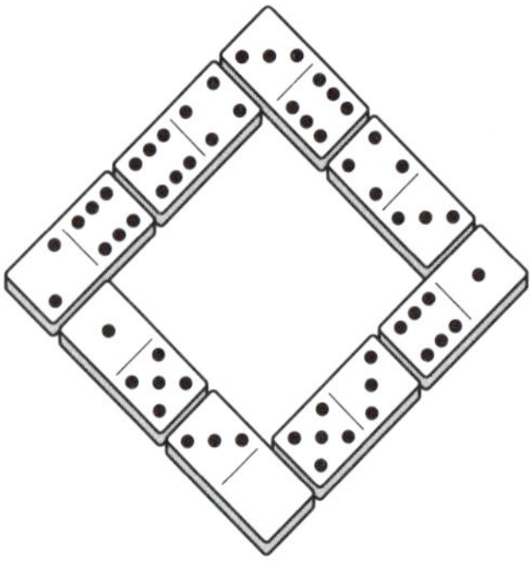

Lösung 45 – Seite 138

Kleines Schachbrett

• Schwierigkeitsgrad: ●○○○○○○○○

Ein Schachbrett mit nur sechs mal sechs Feldern

könnte man mit 18 Dominosteinen belegen, zum Beispiel in folgender Anordnung:

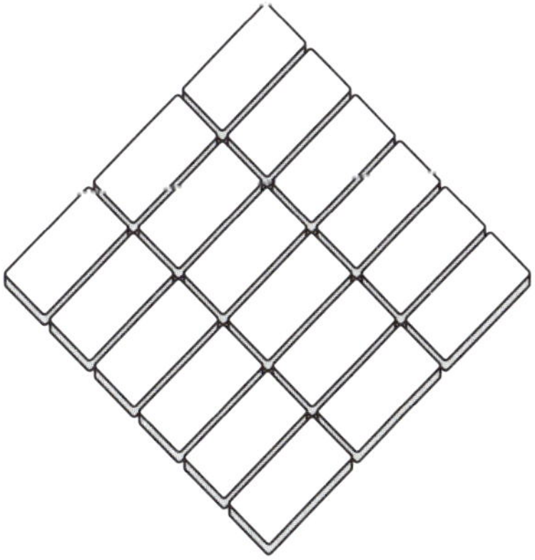

Es sind natürlich auch beliebige andere Anordnungen möglich, was aber für dieses Logical keine Rolle spielt.
Man schneide zwei gegenüberliegende Ecken des Schachbretts ab oder sperre sie, indem man Münzen darauf legt.

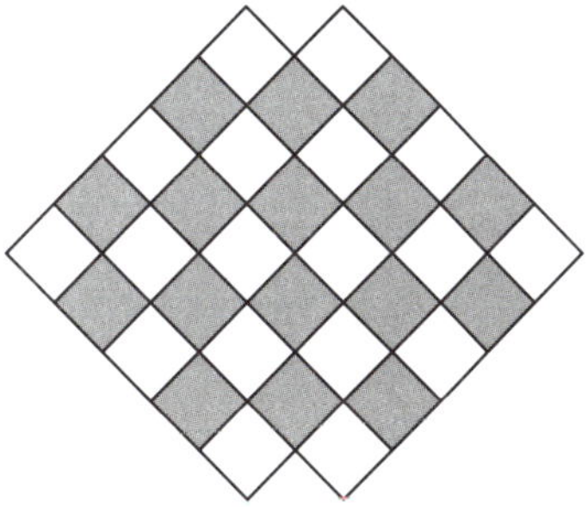

Weil nun zwei Quadrate fehlen, also die Fläche eines Dominosteins, wird ein Stein beiseite gelegt. Wie sind die verbleibenden 17 Steine anzuordnen, dass sie die Fläche vollständig bedecken? Ist das überhaupt möglich?

Lösung 41 – Seite 136

Vierundzwanzig im Quadrat

• Schwierigkeitsgrad: ●●●●○○○○○

Die Steine sind so anzuordnen, dass die Summe der Augen auf allen vier Seiten stets 24 ergibt.

Lösung 51 – Seite 142

Fünfundzwanzig im Quadrat

• Schwierigkeitsgrad: ●●●○○○○○○

Die Steine sind so anzuordnen, dass die Summe der Augen auf allen vier Seiten stets 25 ergibt.

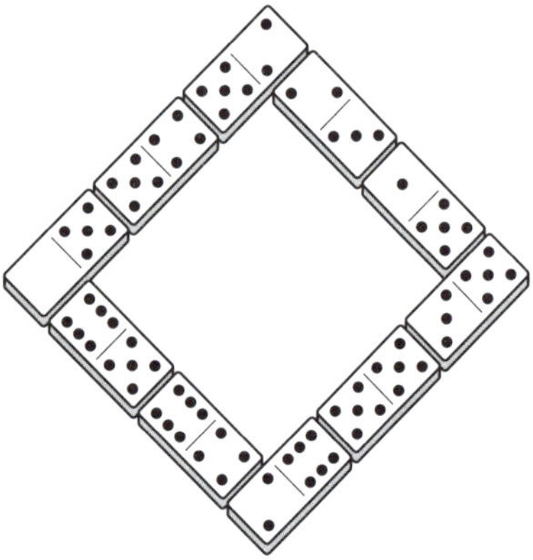

Lösung 49 – Seite 141

Halbiertes Viererfeld

• Schwierigkeitsgrad: ●●●○○○○○○

Es ist offensichtlich, dass sich auf diesem Feld nur acht Dominosteine unterbringen lassen.

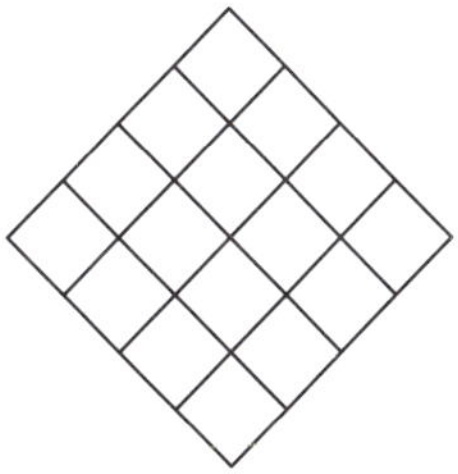

Doch wie viele Möglichkeiten gibt es, das Feld in zwei deckungsgleiche Stücke zu teilen, die mit je vier Dominosteinen belegt sind? Die Lage der Dominosteine in den beiden Hälften soll dabei keine Rolle spielen. Symmetrien und Spiegelungen bleiben unberücksichtigt.

Lösung 54 – Seite 143

Geviertteltes Viererfeld

• Schwierigkeitsgrad: ●●●○○○○○○

Wie viele Möglichkeiten gibt es, das Feld in vier deckungsgleiche Stücke zu teilen, die mit je zwei Dominosteinen belegt sind? Die Lage der Dominosteine in den Vierteln soll dabei keine Rolle spielen. Symmetrien und Spiegelungen bleiben unberücksichtigt.

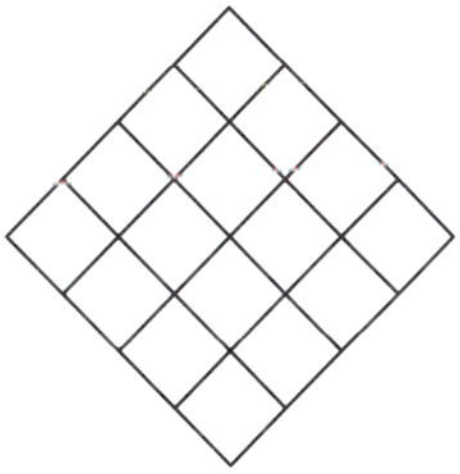

Lösung 40 – Seite 136

Geviertteltes Fünferfeld

• Schwierigkeitsgrad: ●●●●●○○○○

Will man einen Spielplan von fünf mal fünf Feldern mit Dominosteinen bedecken, bleibt immer ein Feld leer. Dieses Feld sei ein Loch in der Mitte.

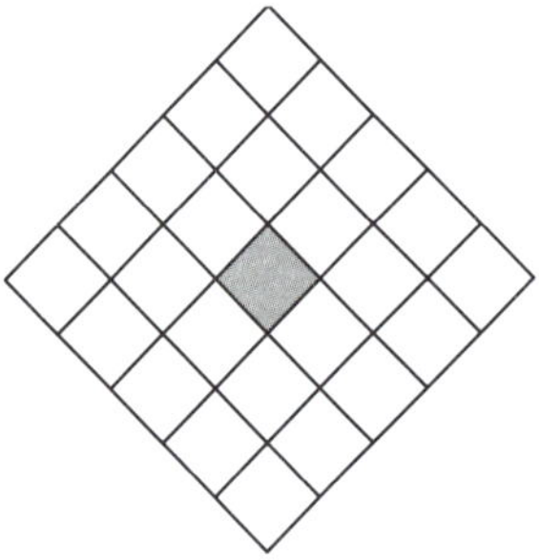

Wie viele Möglichkeiten gibt es, das Feld in vier deckungsgleiche Stücke zu teilen, die mit je drei Dominosteinen belegt sind? Die Lage der Dominosteine in den Vierteln soll dabei keine Rolle spielen. Symmetrien und Spiegelungen bleiben unberücksichtigt.

Lösung 46 – Seite 139

Kleines Magisches Dominoquadrat

• Schwierigkeitsgrad: ●●●●○○○○○

Bei einem Magischen Quadrat ist die Summe der Zahlen in allen waagerechten Zeilen, allen senkrechten Spalten und auch auf den Diagonalen gleich. Man bezeichnet diese Summe als Magische Konstante.
Gesucht wird ein Magisches Quadrat mit der Konstante 5.

Benötigt werden folgende Dominosteine:

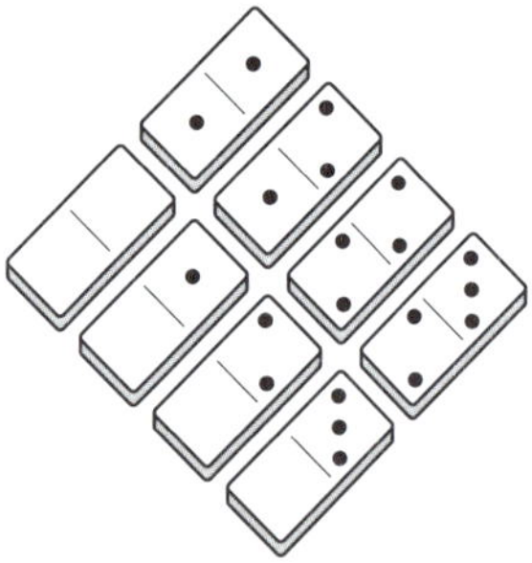

Lösung 39 – Seite 135

Großes Magisches Dominoquadrat

• Schwierigkeitsgrad: ●●●●●●●○○

Bei einem Magischen Quadrat ist die Summe der Zahlen in allen waagerechten Zeilen, allen senkrechten Spalten und auch auf den Diagonalen gleich. Man bezeichnet diese Summe als Magische Konstante.
Gesucht wird ein Magisches Quadrat mit der Konstante 13.

Die Anordnung der Lösung wird so aussehen:

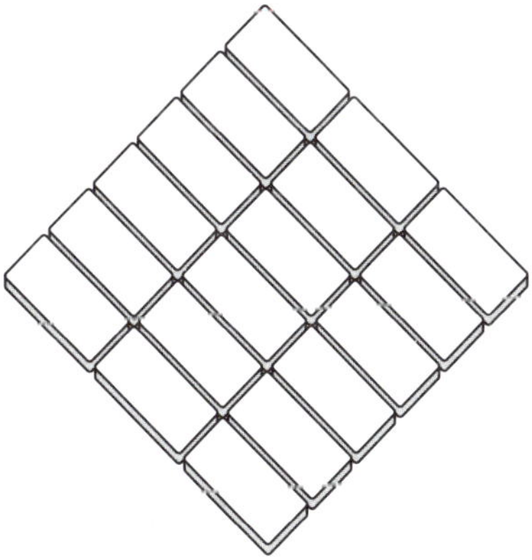

Benötigt werden folgende Dominosteine:

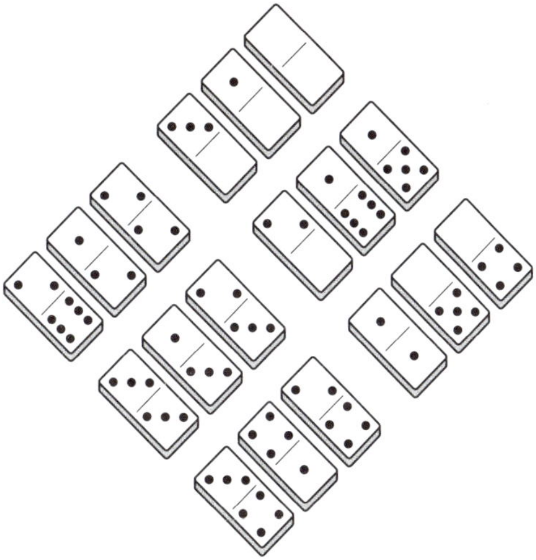

Lösung 48 – Seite 140

Intermezzo 1

• Schwierigkeitsgrad: ●●○○○○○○○

Ein leichtes Problem. Benötigt werden folgende Steine:

Sie sollen so zu einem Sechseck gelegt werden, dass immer gleiche Augenzahlen aneinander stoßen.

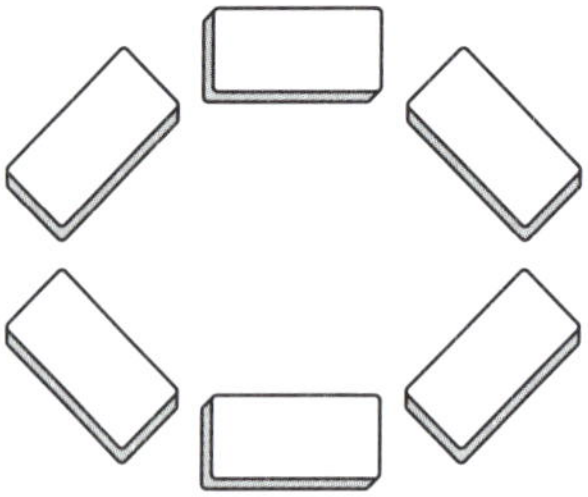

Lösung 35 – Seite 133

Intermezzo 2

• Schwierigkeitsgrad: ●●○○○○○○○

Es werden die gleichen Steine benötig, wie bei Intermezzo 1:

Nun sollen diese Steine so zu einem Rechteck gelegt werden, dass die Summe der Augen in jeder waagerechten und senkrechten Reihe gleich ist.

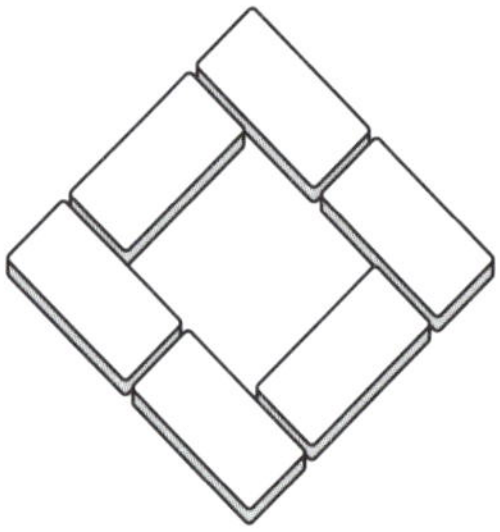

Lösung 42 – Seite 137

Intermezzo 3

• Schwierigkeitsgrad: ●●○○○○○○○

Noch einmal werden die gleichen Steine benötig, wie bei Intermezzo 1:

Die Steine sollen zu einem Dreieck gelegt werden, bei dem die Summe der Augen auf allen drei Seiten gleich ist. Es dürfen aber nie gleiche Augenzahlen aneinander stoßen.

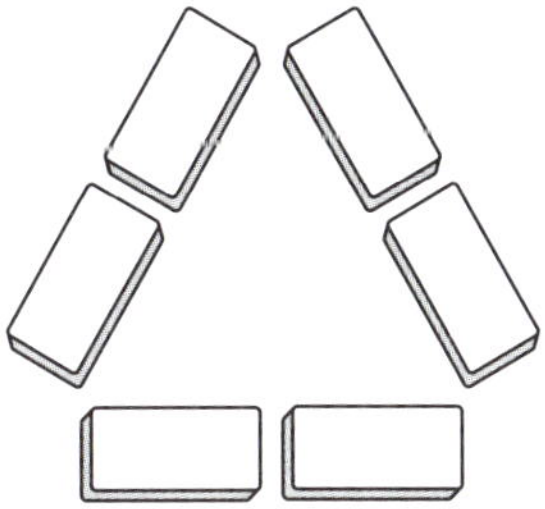

Lösung 50 – Seite 141

Intermezzo 4

• Schwierigkeitsgrad: ●●○○○○○○○

Und wieder werden die gleichen Steine benötig, wie bei Intermezzo 1:

Es gilt, ein Rechteck zu legen, das so aussieht:

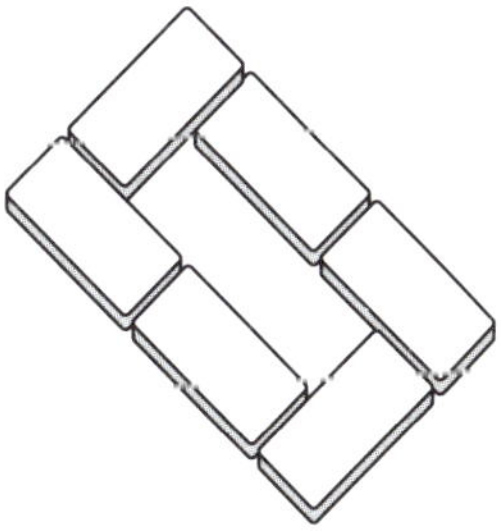

Die Summe der Augen auf allen vier Seiten soll gleich sein. Gleiche Augenzahlen dürfen nicht aneinander stoßen.

Lösung 55 – Seite 144

Sechs mal sechs ist zehn

• Schwierigkeitsgrad: ●●●○○○○○○

Die Summe aller Augen soll auf jeder Seite zehn ergeben.

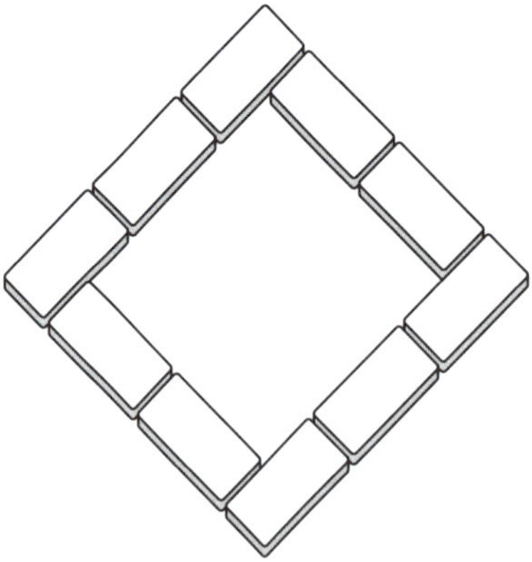

Lösung 53 – Seite 143

Drei Rechtecke aus dem Viererset

• Schwierigkeitsgrad: ●●●●○○○○○

Benötigt werden die 15 Steine eines kompletten Vierersets:

Die Steine sind so auf drei Rechtecke zu verteilen, dass immer passende Augen aneinander stoßen. Alle Rechtecke sind gleich anzuordnen.

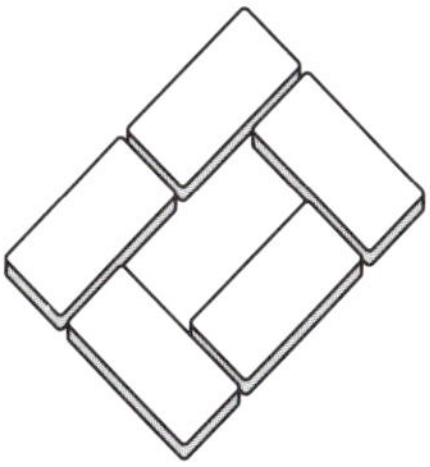

Lösung 44 – Seite 138

Dreierreihen

• Schwierigkeitsgrad: ●●●●○○○○○

Man benötigt die 15 Steine eines Vierersets. Es sind fünf Reihen à drei Steinen zu bilden.

Aneinander stoßende Augen müssen passen. Und die Zahl der Augen muss in jeder Zeile gleich sein. Da ein Viererset insgesamt 60 Augen hat, ist es nicht weiter schwierig, herauszufinden, wie viele Augen das sind…

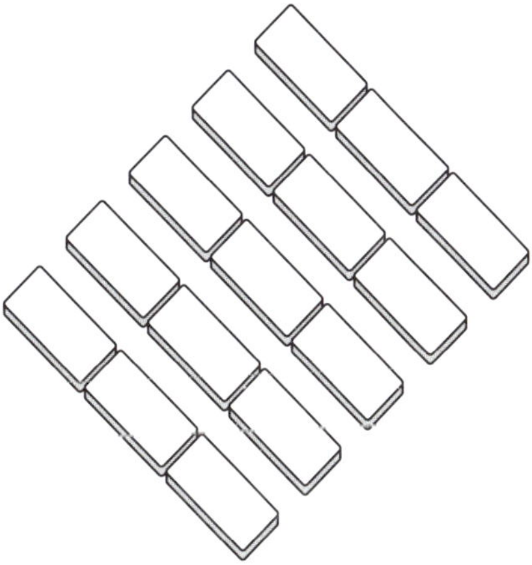

Lösung 37 – Seite 134

Noch mehr Dreierreihen

• Schwierigkeitsgrad: ●●●●●●●○○

Aus dem Dominoset werden alle Steine entfernt, die eine Sechs enthalten. Zurück bleibt ein komplettes Fünferset mit insgesamt 21 Steinen.
Es sind sieben Reihen zu je drei Steinen zu bilden. Aneinander stoßende Augen müssen passen und die Zahl der Augen muss in jeder Zeile gleich sein.

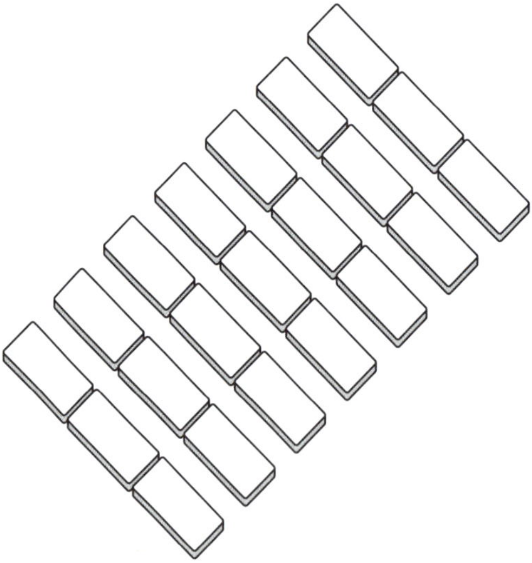

Lösung 52 – Seite 142

Anhang

Lösung 1

Verteiler

Lösung 2

Drei Kreuze

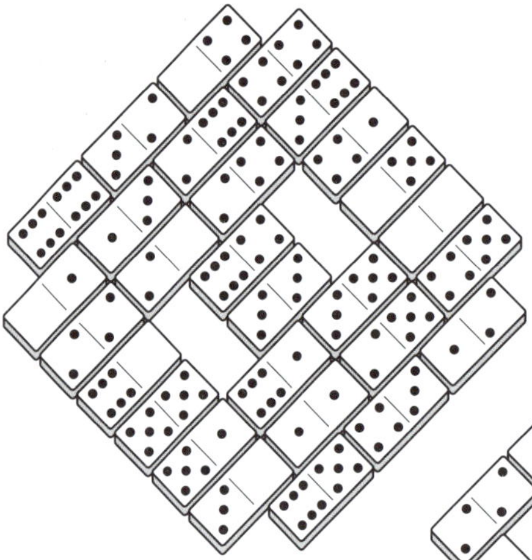

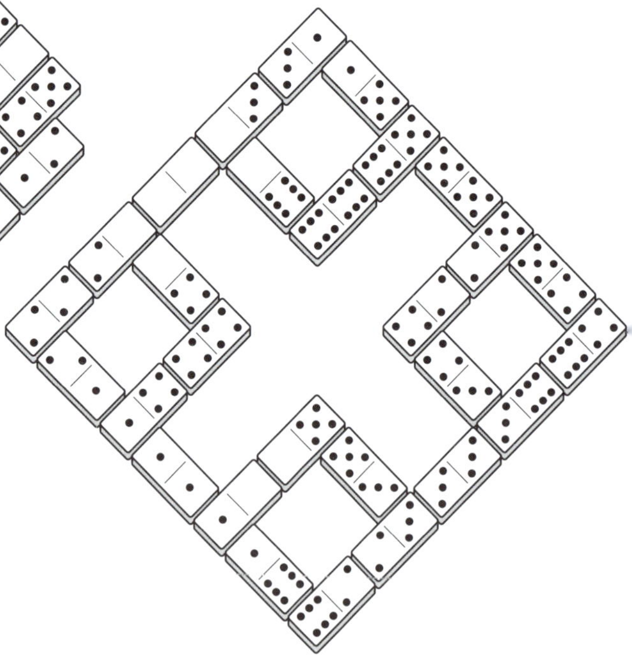

Lösung 3

Verhext

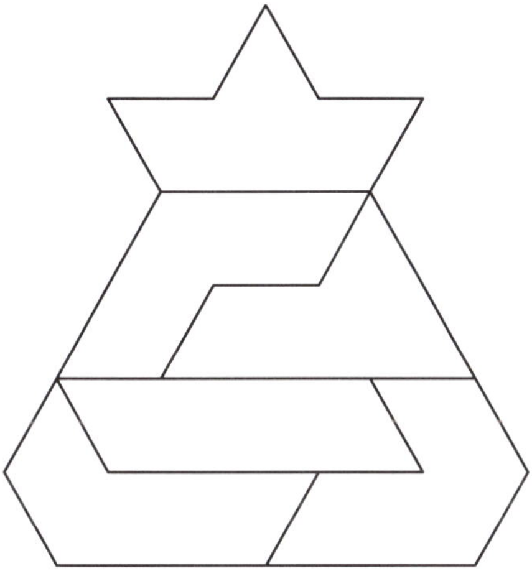

Lösung 4

Triminorinth

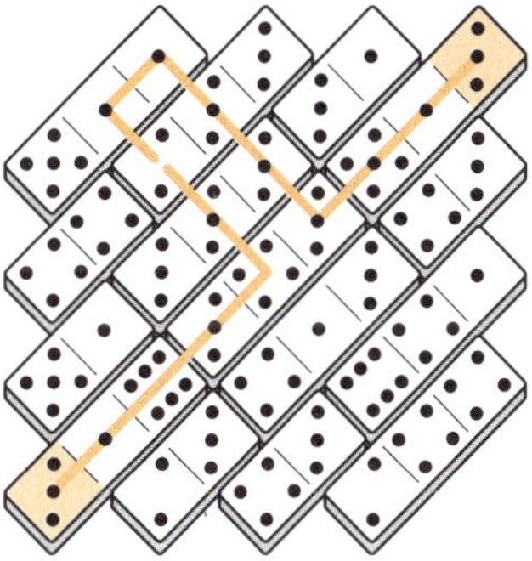

Der Weg von oben nach unten.

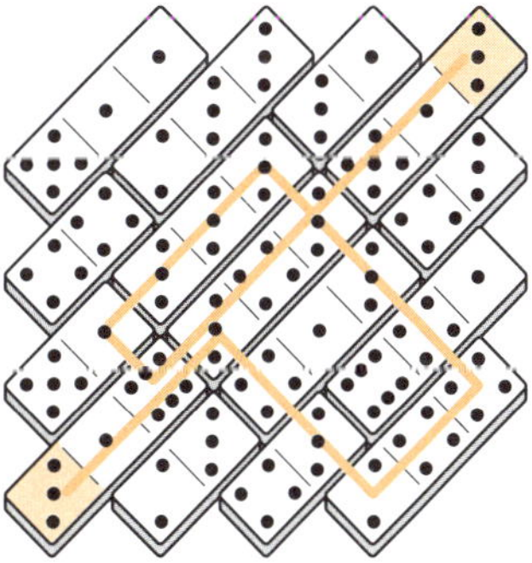

Der Weg von unten nach oben.

Lösung 5

Zweites Dominorinth

Lösung 6

Noch ein Spiel im Dämmerlicht

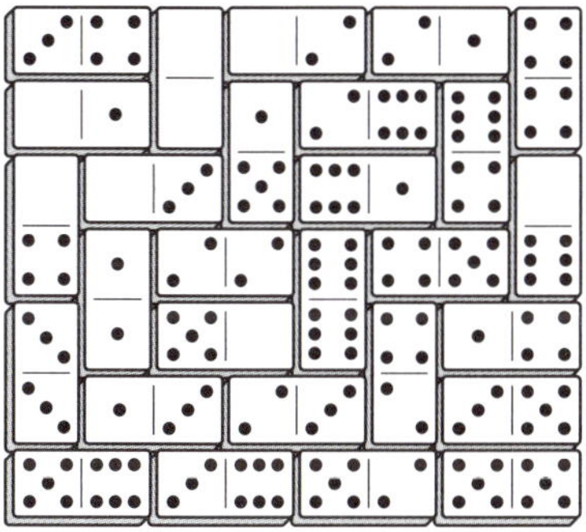

Lösung 7

Im Kittchen sind noch Zimmer frei

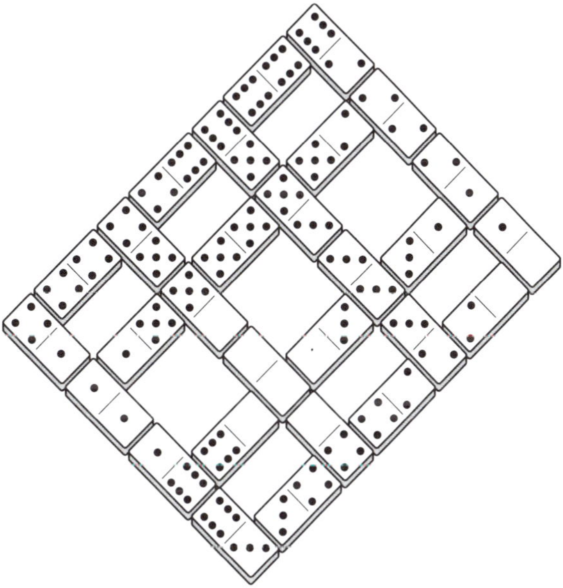

Lösung 8

Drittes Dominorinth

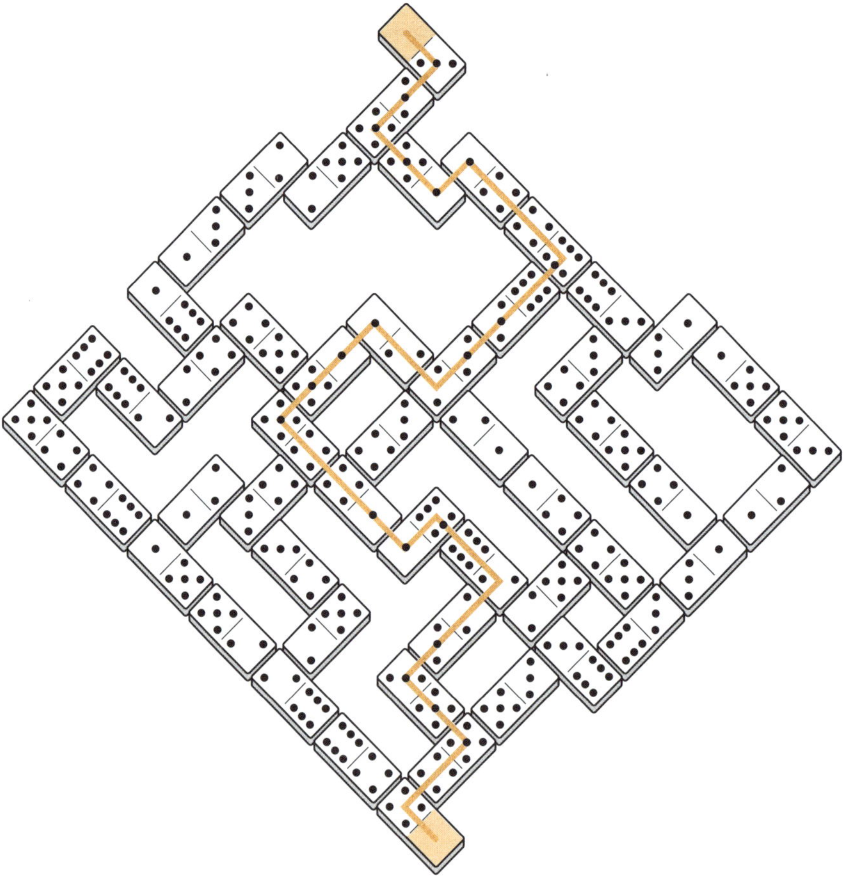

Lösung 9

Im Kittchen sind noch Zimmer frei

Lösung 10

Karo und Pik

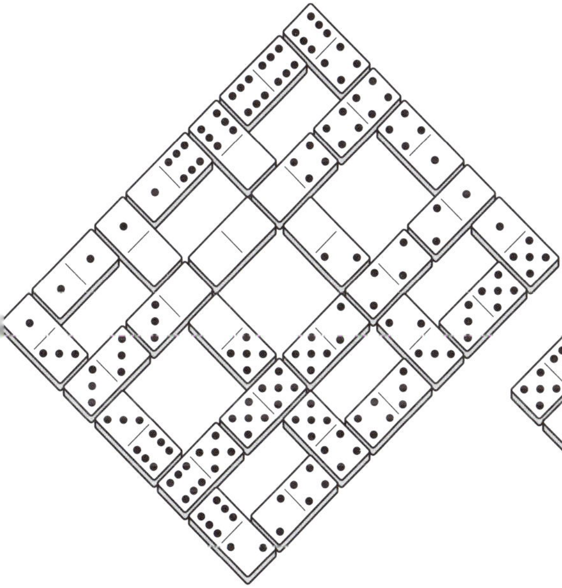

Lösung 11

Drei Kreuze

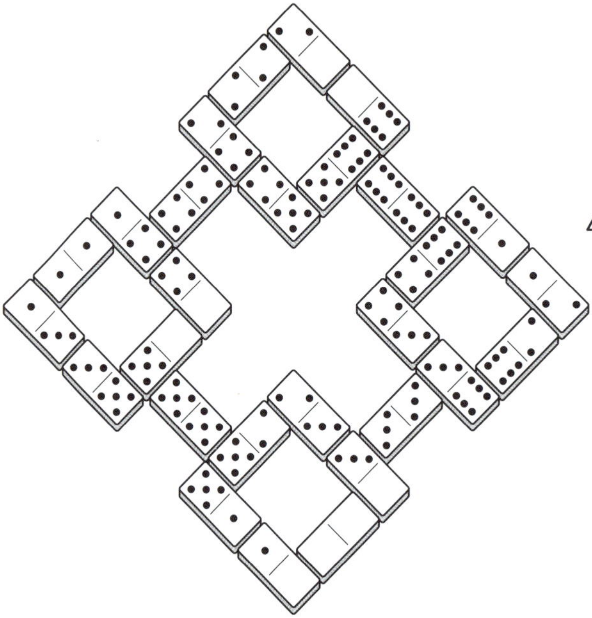

Lösung 12

Verhext

Lösung 13

Dominosa

Dieses Spiel kann man weitgehend ohne Probieren lösen. Ausgangsüberlegung ist die Tatsache, dass jeder Wert einmal vorhanden sein muss, wie sich aus dieser Aufstellung ergibt:

7.7	7.6	7.5	7.4	7.3	7.2	7.1	7.0
6.6	6.5	6.4	6.3	6.2	6.1	6.0	
5.5	5.4	5.3	5.2	5.1	5.0		
4.4	4.3	4.2	4.1	4.0			
3.3	3.2	3.1	3.0				
2.2	2.1	2.0					
1.1	1.0						
0.0							

In der linken, senkrechten Spalte müssen also alle Kombinationen mit null, einschließlich der Doppel-Null, enthalten sein. Somit sind schon alle Kombinationen, die eine null enthalten, identifiziert. Die Doppel-Null selbst muss senkrecht stehen, und neben ihr senkrecht die Doppel-Eins, denn sonst müsste es zweimal den Stein 1.2 im Spiel geben.
Die beiden linken Spalten sind also klar. Sie sind mit dem übrigen Spiel mit einer Bruchlinie verbunden. (Wie eine Bruchlinie definiert ist, steht ausführlich auf Seite 92).

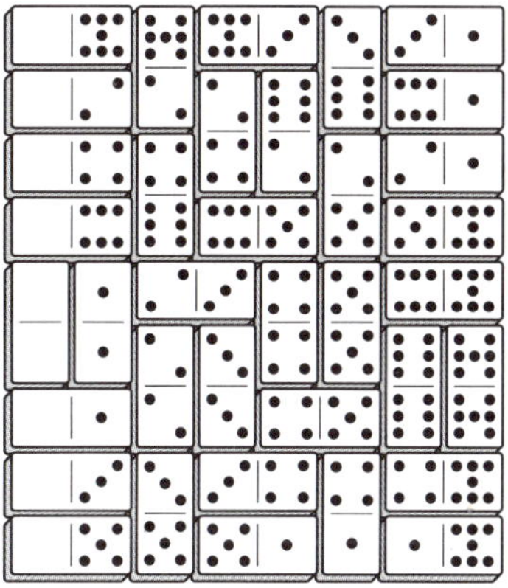

Nun können wir also in unserer Aufstellung schon einige Werte ausstreichen:

7.7	7.6	7.5	7.4	7.3	7.2	7.1	7.0
6.6	6.5	6.4	6.3	6.2	6.1	6.0	
5.5	5.4	5.3	5.2	5.1	5.0		
4.4	4.3	4.2	4.1	4.0			
3.3	3.2	3.1	3.0				
2.2	2.1	2.0					
1.1	1.0						
0.0							

Gehen wir weiter zu den Kombinationen, die sich mit dem Wert 1 ergeben. Zwei von den neun Möglichkeiten sind schon bekannt (0.1; 1.1). Beginnen wir rechts oben: Die Doppel-Eins steht ja bereits fest. Also müssen hier drei andere Steine, die je ein Auge haben, zu finden sein. Folglich sind 3.1 und 6.1 klar. Der dritte Wert kann entweder 1.2 oder 1.7 sein.

Gehen wir also zu den drei letzten Einsern in der unteren Reihe. Der mittlere Stein muss senkrecht stehen, hat also den Wert 1.4. Die beiden Steine daneben können also nur 1.5 und 1.7 sein. Damit ist auch oben rechts geklärt, dass dort der Wert 1.2 waagerecht liegen muss. Die Wertetabelle:

7.7	7.6	7.5	7.4	7.3	7.2	7.1	7.0
6.6	6.5	6.4	6.3	6.2	6.1	6.0	
5.5	5.4	5.3	5.2	5.1	5.0		
4.4	4.3	4.2	4.1	4.0			
3.3	3.2	3.1	3.0				
2.2	2.1	2.0					
1.1	1.0						
0.0							

In der unteren Zeile bleibt nun nur noch eine Fünf offen. Sie kann nur senkrecht stehen. Damit haben wir auch den Wert 5.3 und können ihn auf der Tabelle ausstreichen. Verfolgen wir nun die Siebener: In der oberen Reihe bleiben noch zwei Möglichkeiten. Da die eine die einzige Möglichkeit einer Kombination mit einer Drei darstellt, muss die andere senkrecht stehen und 7.2 ergeben. Auch 7.4 und 7.5 sind schnell gefunden, weil es jeweils nur eine Stelle gibt, wo die gesuchte Zahl angrenzt. Es verbleiben am rechten Rand drei Siebener. Da die Doppel-Sieben noch fehlt, muss sie hier enthalten sein. Also steht die 7.6 waagerecht. Zwangsläufig ist auch schon die Kombination 6.3 gesichert, denn sie passt fugenlos im rechten oberen Teil der Figur.

Nun ist nur noch die Zuordnung für zwölf Steine zu finden. Der Block aus drei Zweiern und drei Dreiern enthält die Doppel-Zwei, die Doppel-Drei und den Stein 2.3. Genauso löst sich der Block aus Vierern und Fünfern auf, der 4.4, 5.5 und 4.5 ergibt. Damit ist unten 3.4 übrig geblieben. Der Rest ist nun auch kein Problem mehr.

Die weiterentwickelte Wertetabelle:

7.7	7.6	7.5	7.4	7.3	7.2	7.1	7.0
6.6	6.5	6.4	6.3	6.2	6.1	6.0	
5.5	5.4	5.3	5.2	5.1	5.0		
4.4	4.3	4.2	4.1	4.0			
3.3	3.2	3.1	3.0				
2.2	2.1	2.0					
1.1	1.0						
0.0							

Weil es die Kombination 6.5 nicht zweimal geben kann, ist auch die Doppel-Sechs klar definiert. Es entsteht eine zweite Bruchkante, die die ganze Figur senkrecht, zwei Karos vom Rand entfernt, durchzieht.

Lösung 14

Das Magische Quadrat

Lösung 15

Im Kittchen sind noch Zimmer frei

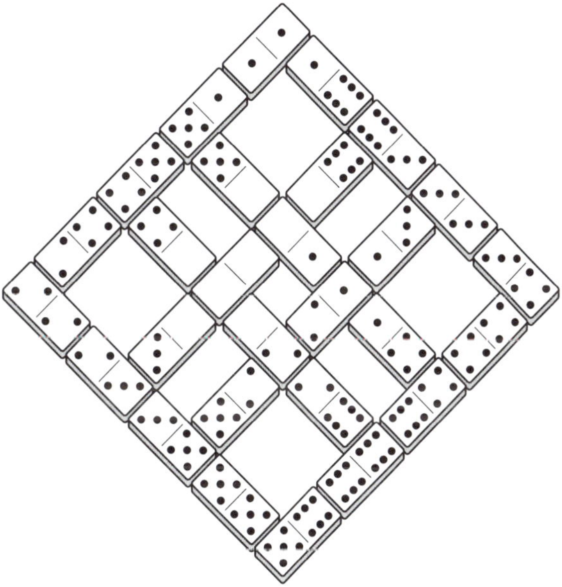

Lösung 16

Drei Quadrate – zwei Rechtecke

Lösung 17

Verhext

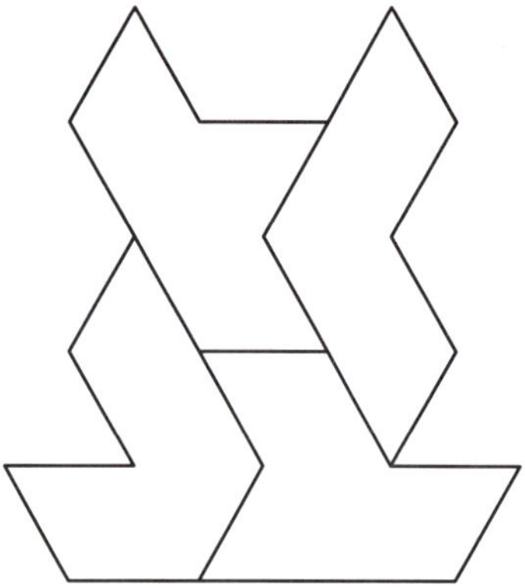

Lösung 18

Drei Kreuze

Lösung 19

Pik und Kreuz

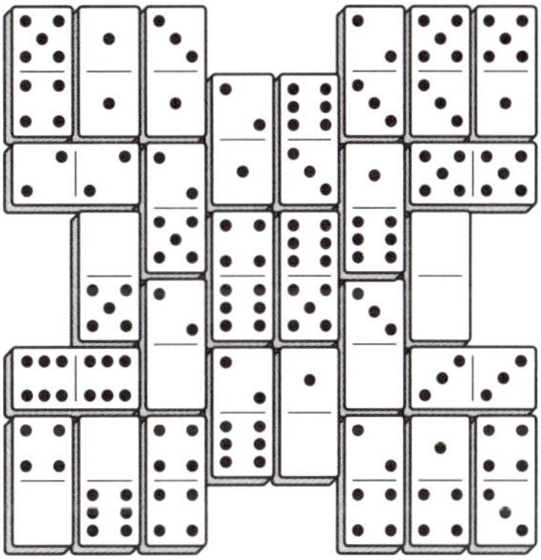

Lösung 20

Verhext

Lösung 21

Einsetzen

So geht die Aufgabe auf:

5
+ 6
11 + 3 + 7 = 21
9 + 4 + 8 = 21
+ 1
+ 2
= 21

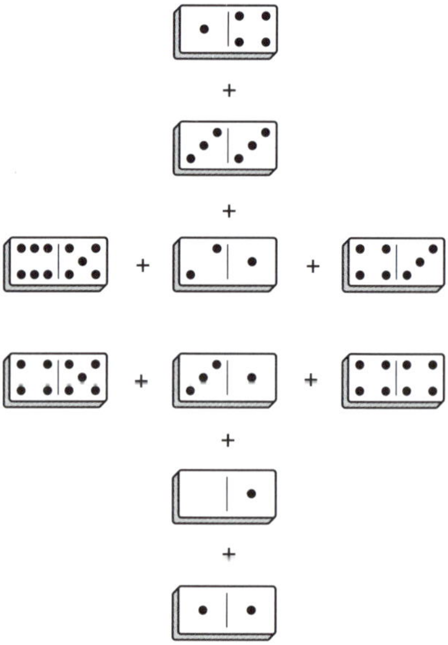

Lösung 22

Erstes Dominorinth

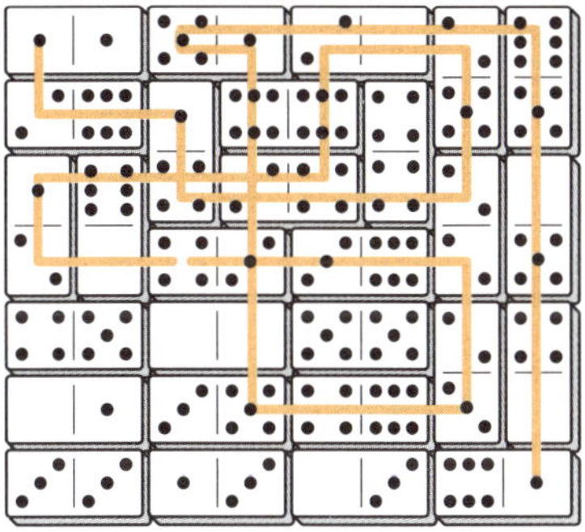

Lösung 23

Bruchlinien im Rechteck

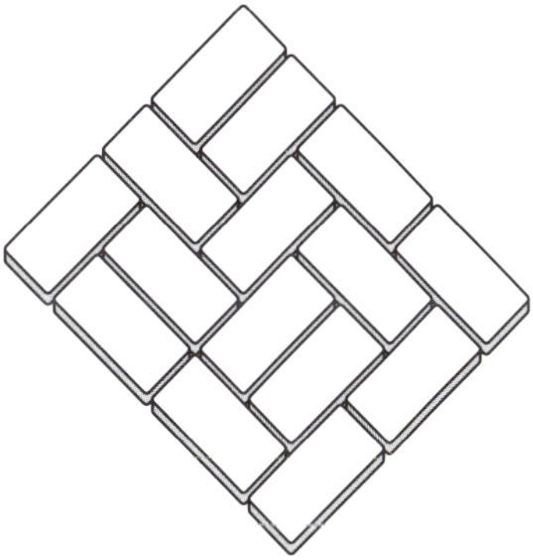

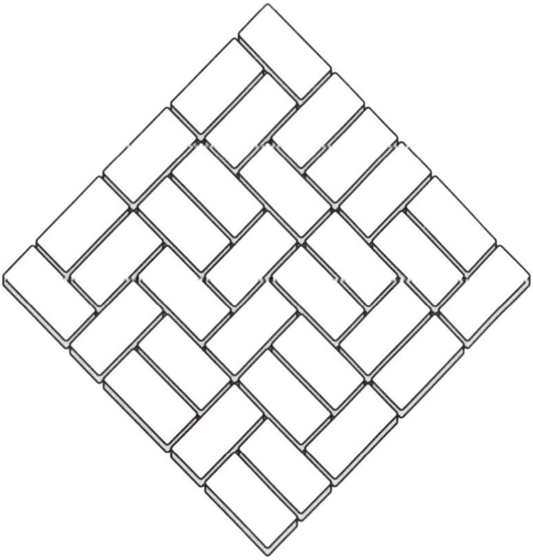

Lösung 24

Verhext

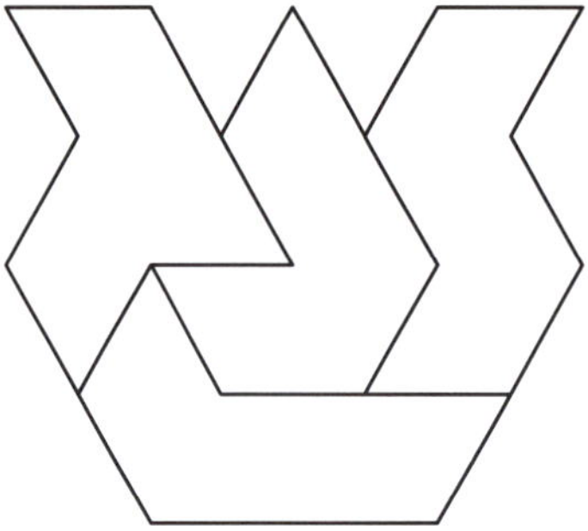

Lösung 25

Im Kittchen sind noch Zimmer frei

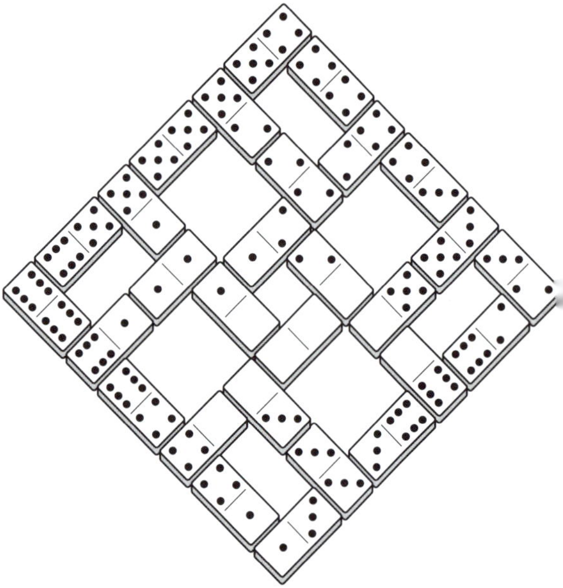

Lösung 26

Spitzen-Hexerei mit zwölf Steinen

Lösung 27

Spiel im Dämmerlicht

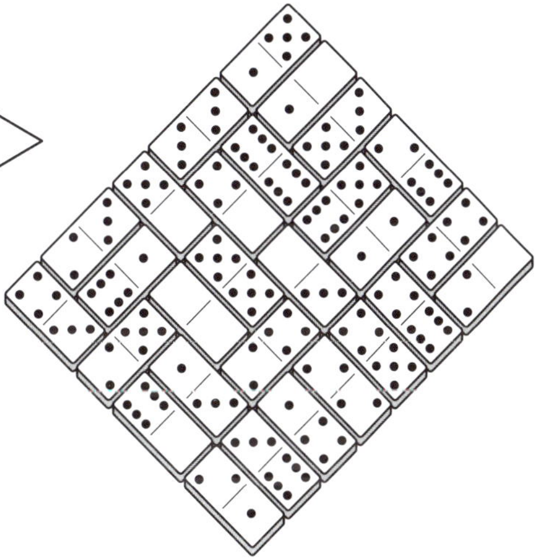

Lösung 28

Dreiunddreißig

Lösung 29

Im Kittchen sind noch Zimmer frei

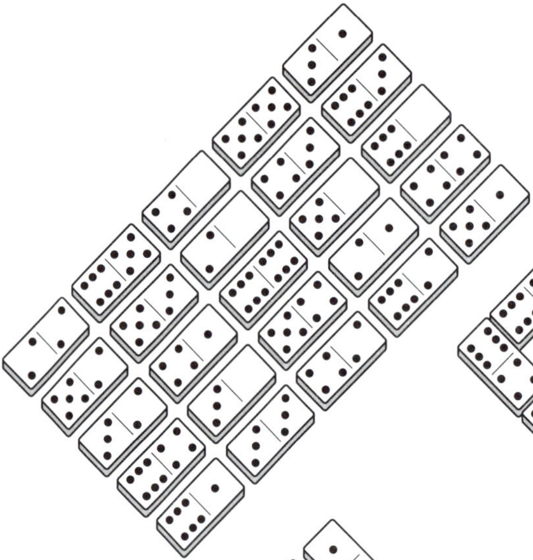

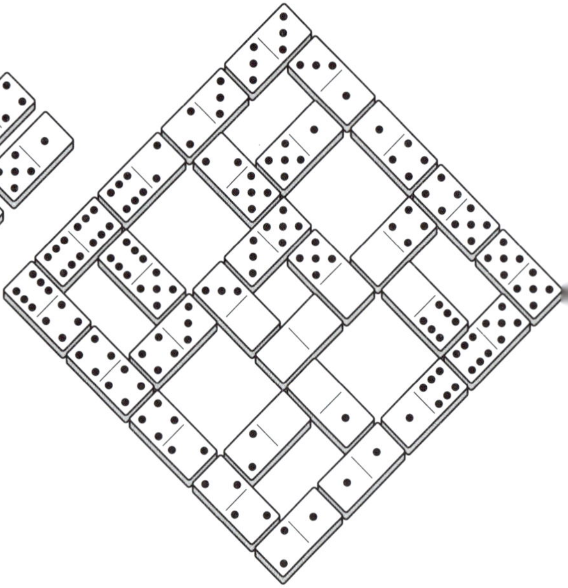

Diese drei Steine bleiben übrig:

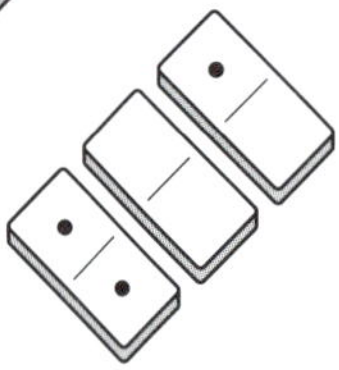

Lösung 30

Verhext

Lösung 31

Herz und Karo

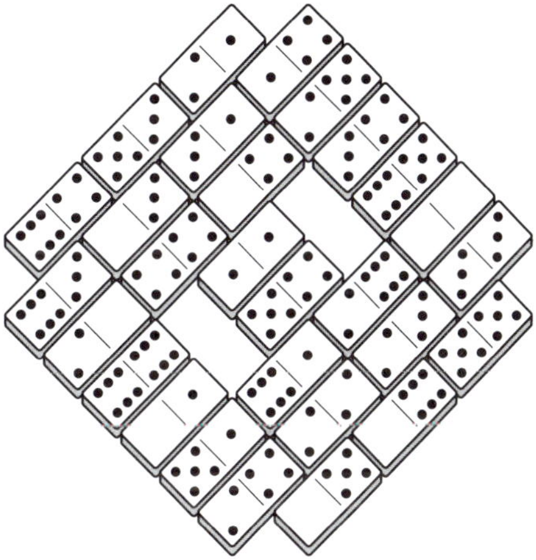

Lösung 32

Im Kittchen sind noch Zimmer frei

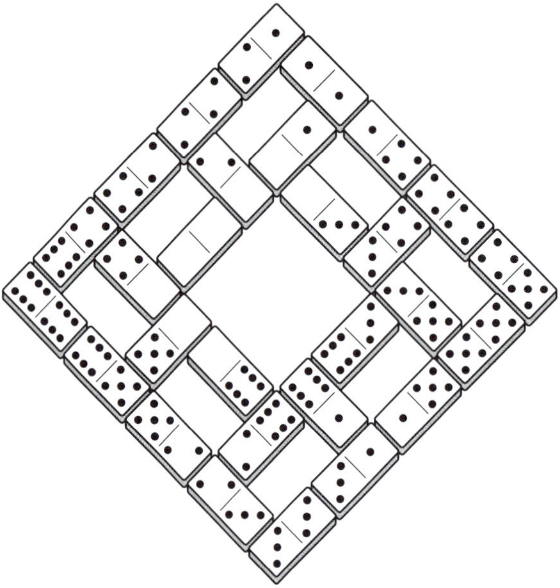

Lösung 33

Verhext

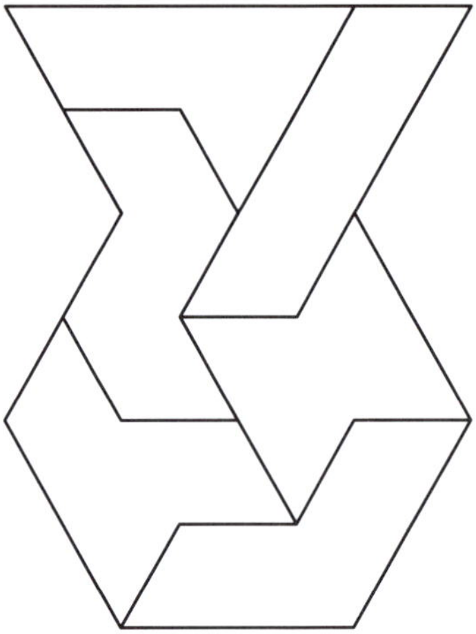

Lösung 34

Quicky

Das Spiel hat 28 Steine, jedes mit zwei Flächen für die Augen. Das sind 56 Einzelfelder. Auf diese verteilen sich insgesamt sieben Zahlen, denn auch die Null ist ja eine Zahl im Spiel. 56 : 7 = 8. Jede Zahl ist also achtmal im Spiel vorhanden.

Nach der Spielregel stoßen immer gleiche Augenzahlen aufeinander. So werden stets Zahlenpärchen verbraucht. Bis am Schluss die Vier übrig bleibt, die zur Anfangsvier gehören muss.

Lösung 35

Intermezzo 1

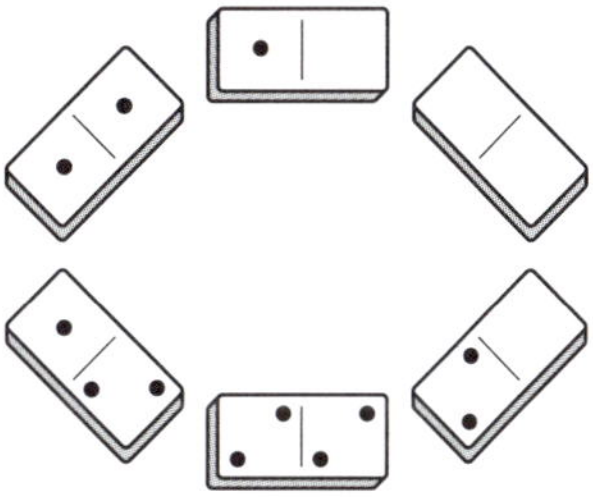

Lösung 36

Verhext

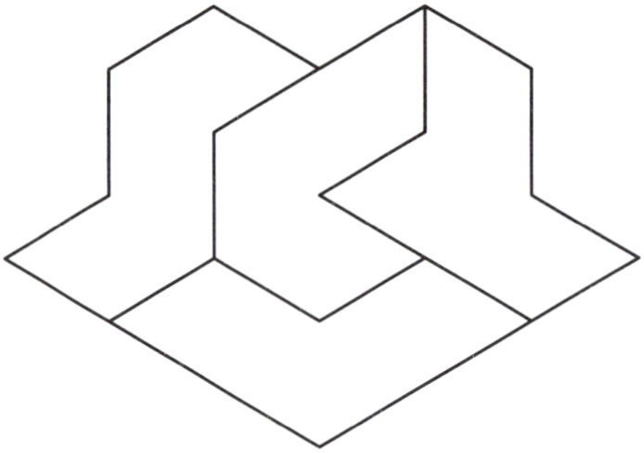

Lösung 37

Dreierreihen

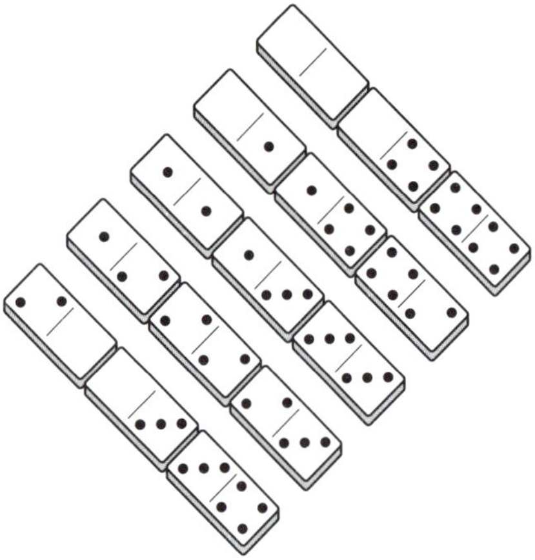

Lösung 38

Pythagoras 1

Lösung 39

Kleines Magisches Dominoquadrat

Übrig bleiben Doppel-Null, Doppel-Eins, Doppel-Drei und Doppel-Fünf.

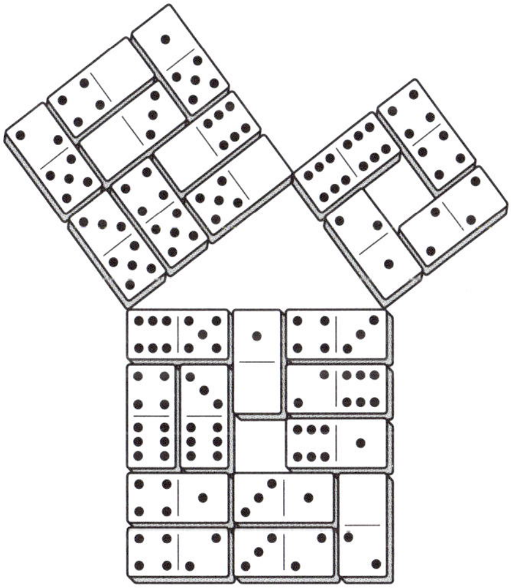

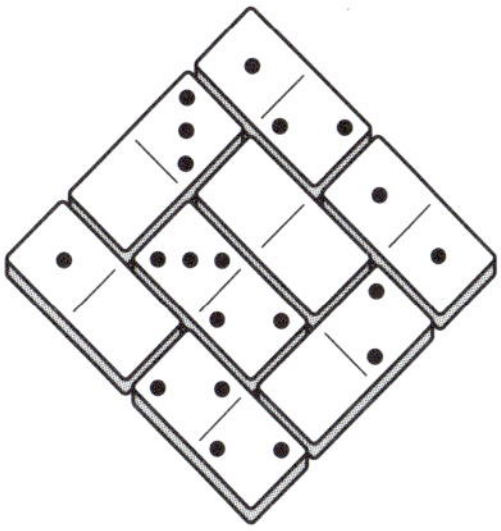

Lösung 40

Geviertteltes Viererfeld

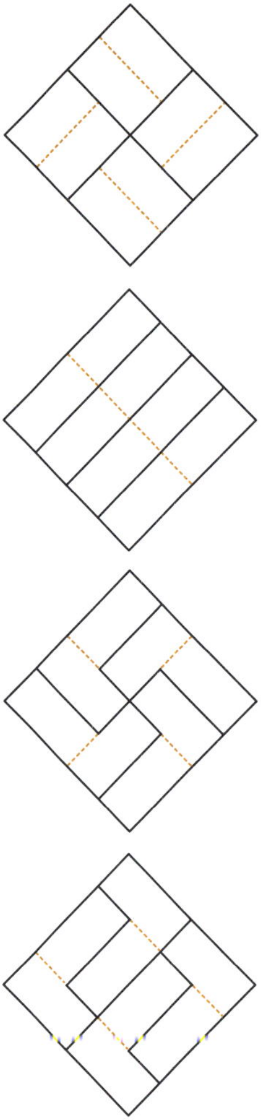

Lösung 41

Kleines Schachbrett

Natürlich kann man eine Weile herumprobieren. Doch es geht viel einfacher. Man braucht sich nur vorzustellen, ein Dominostein bestünde jeweils aus einem weißen und einem schwarzen Quadrat.

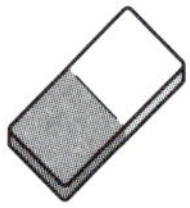

Dann müssten bei 17 Steinen 17 schwarze und 17 weiße Quadrate untergebracht werden. Es sind jedoch 18 weiße und nur 16 schwarze Quadrate übrig, nachdem von dem Brett mit 36 Feldern zwei weiße Flächen abgetrennt wurden. Folglich ist es nicht möglich, alle Steine unterzubringen.

Lösung 42

Intermezzo 2

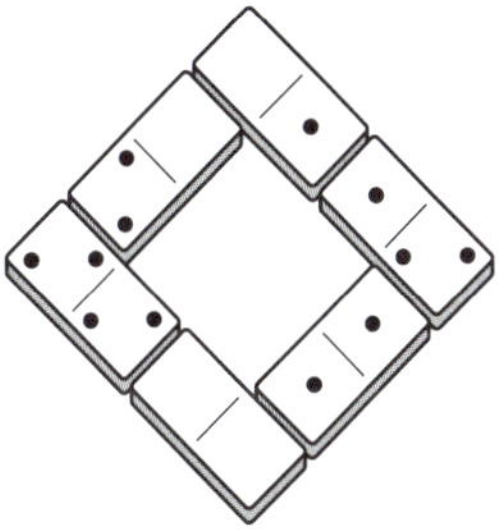

Lösung 43

Viererblöcke

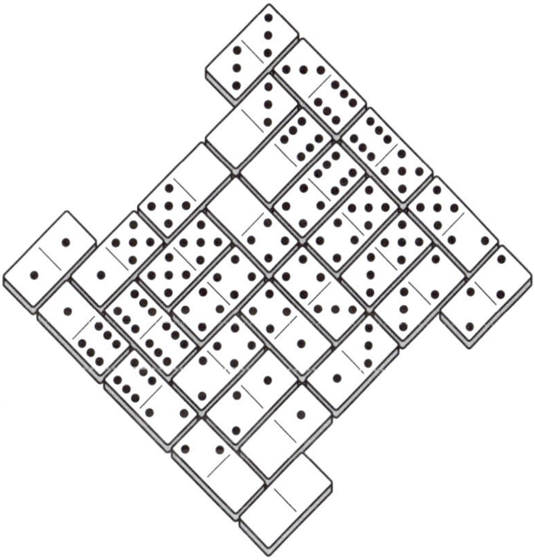

Lösung 44

Drei Rechtecke aus dem Viererset

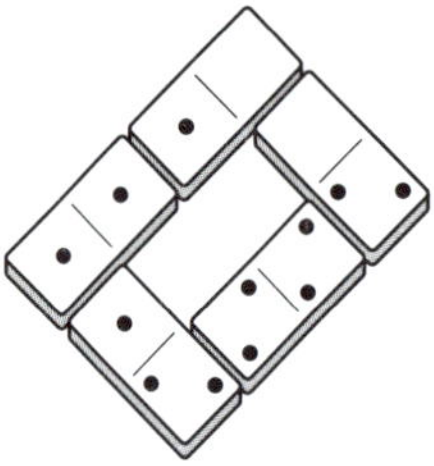

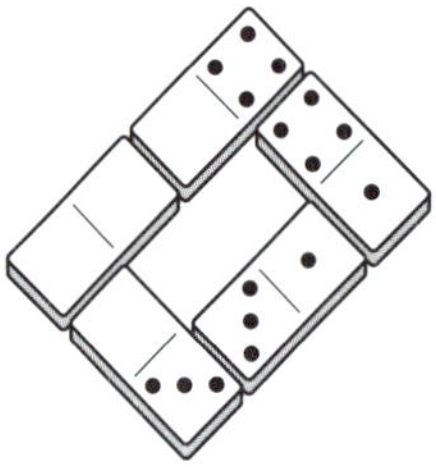

Lösung 45

Achtzehn im Quadrat

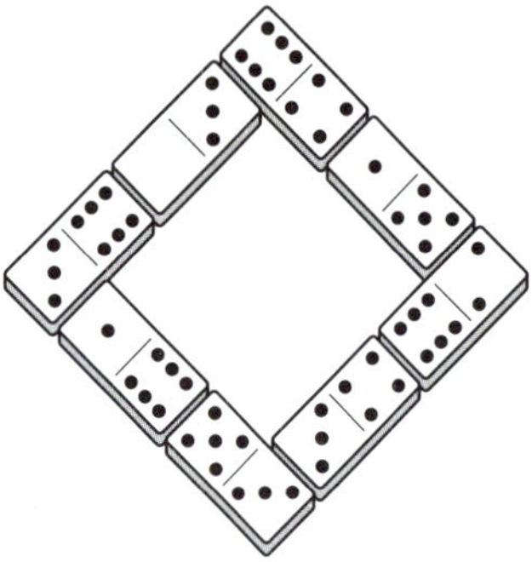

Lösung 46

Gevierteltes Fünferfeld

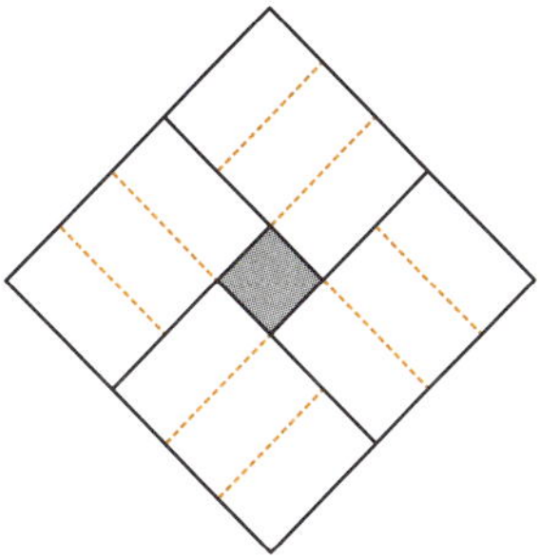

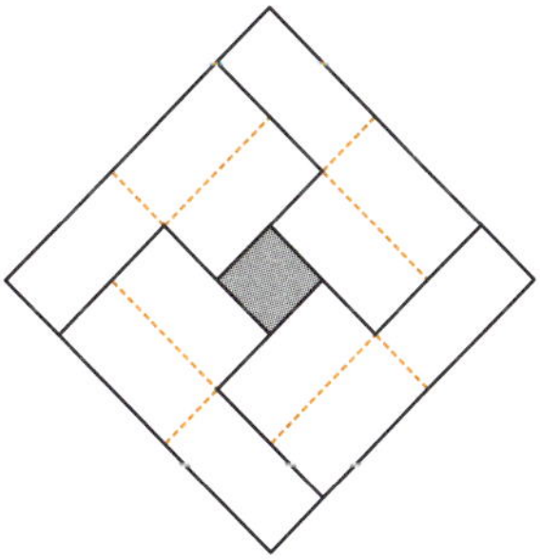

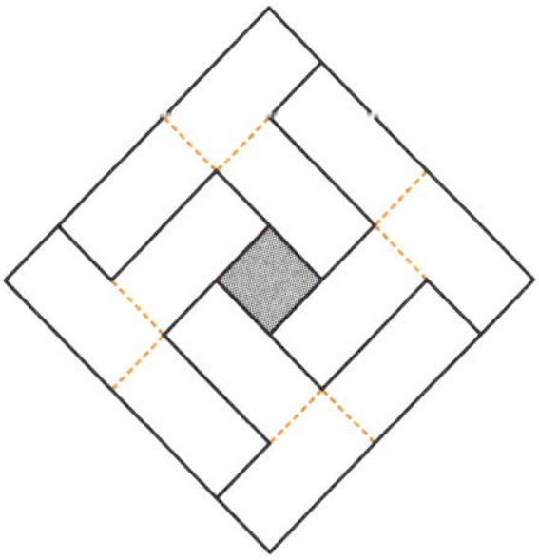

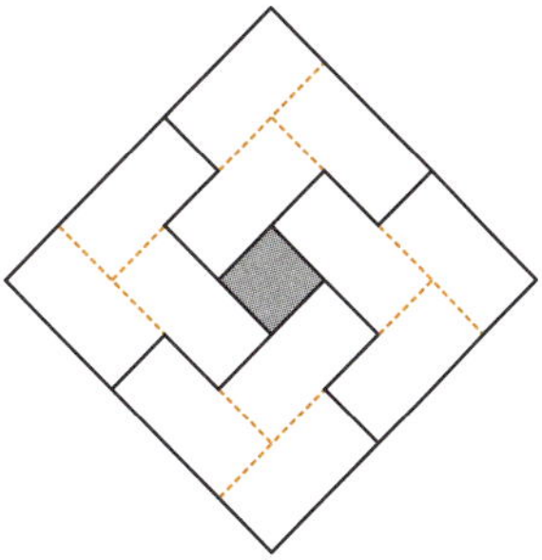

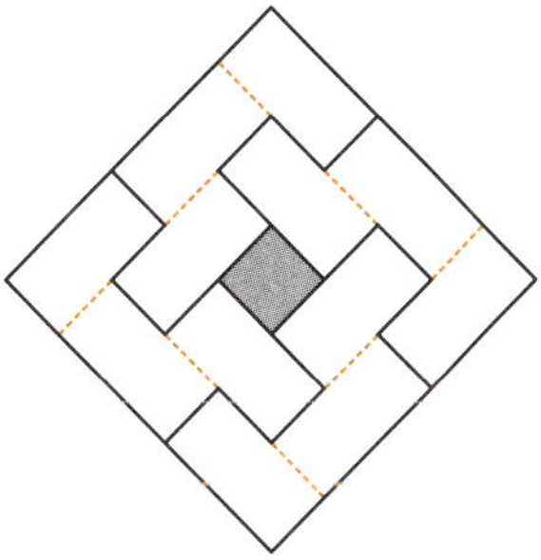

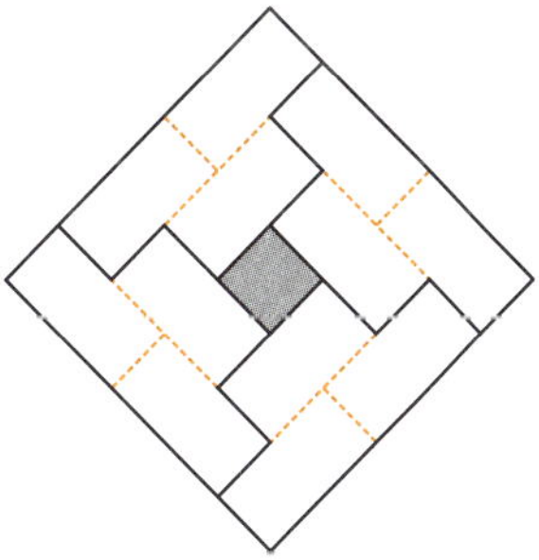

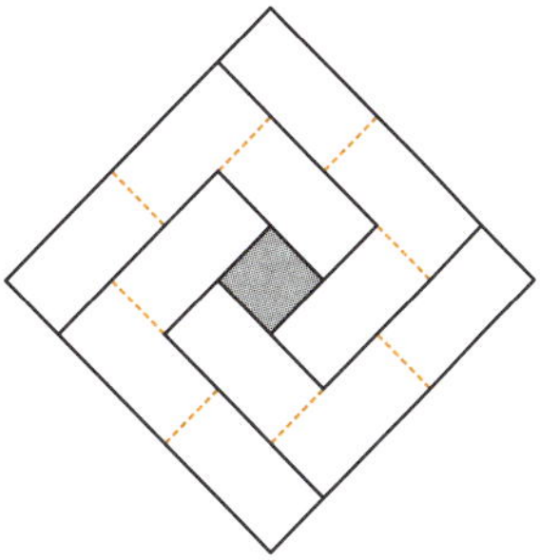

Lösung 47

Fünfzehn längs und quer

Lösung 48

Großes Magisches Dominoquadrat

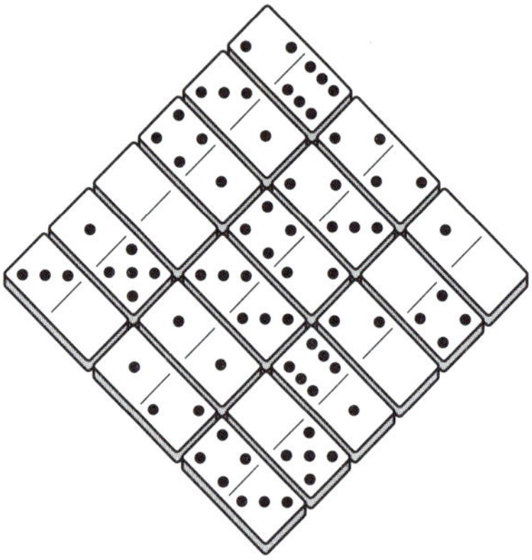

Lösung 49

Fünfundzwanzig im Quadrat

Lösung 50

Intermezzo 3

Lösung 51

Vierundzwanzig im Quadrat

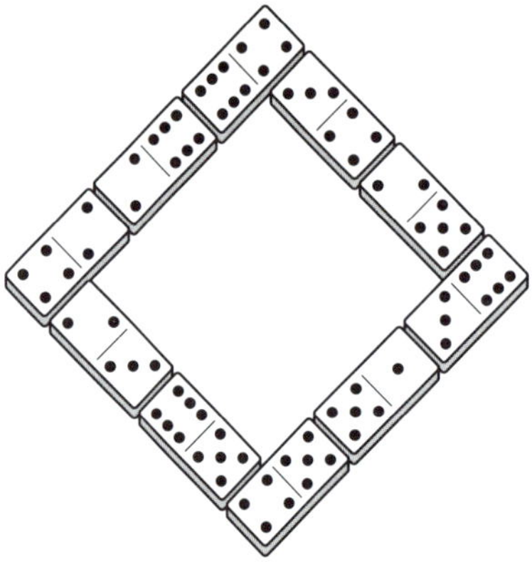

Lösung 52

Noch mehr Dreierreihen

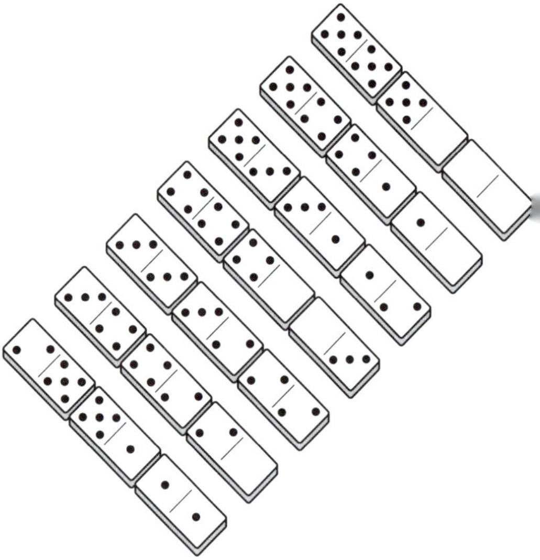

Lösung 53

Sechs mal sechs ist zehn

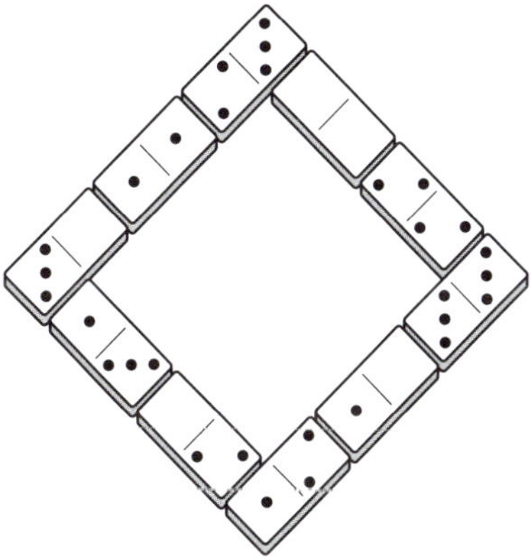

Lösung 54

Halbiertes Viererfeld

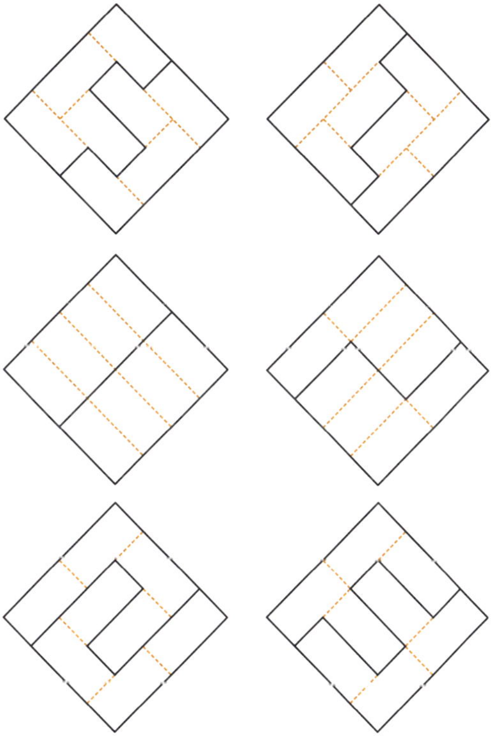

Lösung 55

Intermezzo 4

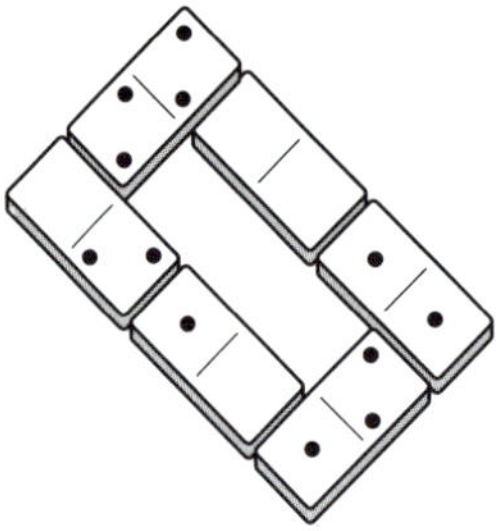